COACHING COATIVO

Henry Kimsey-House, Karen Kimsey-House e Phillip Sandahl

COACHING COATIVO

MUDANDO NEGÓCIOS E TRANSFORMANDO PESSOAS

Presidente
Henrique José Branco Brazão Farinha
Publisher
Eduardo Viegas Meirelles Villela
Editora
Cláudia Elissa Rondelli Ramos
Tradução
Cristina Sant'Anna
Preparação de texto
Gabriele Fernandes
Revisão
Renata da Silva Xavier
Hamilton Fernandes
Projeto gráfico de miolo e editoração
Daniele Gama
Capa
Listo Estúdio
Imagem de capa
Depositphotos
Impressão
Visão Gráfica

Título original: *Co-active coaching: changing business, transforming lives*
Copyright © 2014 *by* Editora Évora Ltda.
Copyright ©2011 *by* Henry Kimsey-House, Karen Kimsey-House, Phillip Sandahl. Esta terceira edição de *Co-active coaching*: Changing Business, Transforming Lives de Henry Kimsey-House, Karen Kimsey-House, Phillip Sandahl e Laura Whitworth foi primeiramente publicada por Nicholas Brealey Publishing, Londres e Boston em 2011.
Esta tradução foi publicada em acordo com Nicholas Brealey Publishing Group.
Todos os direitos reservados. Nenhuma parte deste livro pode ser traduzida ou transmitida em nenhuma forma ou meio eletrônico ou mecânico, incluindo fotocópia, gravação ou por qualquer sistema de armazenagem e recuperação sem permissão por escrito da editora.

Rua Sergipe, 401 – Cj. 1.310 – Consolação
São Paulo – SP – CEP 01243-906
Telefone: (11) 3562-7814/3562-7815
Site: http://www.editoraevora.com.br
E-mail: contato@editoraevora.com.br

DADOS INTERNACIONAIS PARA CATALOGAÇÃO NA PUBLICAÇÃO (CIP)

H844c

    Kimsey-House, Henry,
        [Co-active coahing. Português]
        Coaching coativo : mudando negócios e transformando pessoas / Henry Kimsey-House, Karen Kimsey-House, Phillip Sandahl ; [tradução: Cristina Sant'Anna]. – São Paulo : Évora, 2015.
        244 p. ; 16 x 23 cm.

    Tradução de: Co-active coaching : changing business, transforming lives
    Publicado anteriormente sob o título: Co-active coaching : new skills for coaching people toward success in work and life / Laura Whitworth ... [et al.].

    ISBN 978-85-8461-001-3

        1. Auto-realização (Psicologia). 2. Mentoria. 3. Motivação. 3. Sucesso - Aspectos psicológicos. I. Kimsey-House, Karen. II. Sandahl, Phillip. III. Whitwort, Laura, - m.2007. IV. Título.

CDD - 658.3124

JOSÉ CARLOS DOS SANTOS MACEDO – BIBLIOTECÁRIO – CRB7 N. 3575

DEDICATÓRIA ESPECIAL À LAURA WHITWORTH

Criadora do modelo coativo com Henry Kimsey-House e Karen Kimsey-House, reconhecida líder no desenvolvimento do coaching profissional e coautora das duas primeiras edições deste livro.

Laura Whitworth faleceu em 28 de fevereiro de 2007 depois de uma corajosa batalha contra o câncer. Ninguém encontraria duas palavras mais adequadas para descrevê-la do que "corajosa batalhadora". Ela lutava para conquistar tudo aquilo em que acreditava. Se alguma vez você foi seu cliente ou teve a oportunidade de participar de um treinamento liderado por ela, você sabe: ela lutava por você.

Ela era visionária e pioneira; uma força propulsora. Seu compromisso incansável com a vida em plenitude é um modelo e uma inspiração. Essa força vital levou Laura Whitworth a lançar as sementes que fizeram crescer a árvore do coaching; com certeza, ela não realizou isso sozinha, mas sua tenacidade certamente ajudou a árvore a crescer.

Ela fundou o The Coaches Training Institute com Henry e Karen Kimsey-House e criou o modelo do Coaching Coativo, aplicando-o em treinamentos. Juntos, eles estruturaram um programa de lideranças extremamente poderoso, uma experiência de vida transformadora para seus participantes. Pergunte a eles. Ela foi fundamental no nascimento e desenvolvimento da profissão de coach e foi uma das primeiras a denominar o trabalho que realizava como "coaching".

Nós deveríamos dizer que sentimos falta dela – e, naturalmente, sentimos –, mas sua presença e seu espírito estão tão vívidos em nosso trabalho diário que sentimos como se ela ainda estivesse hoje entre nós.

Dedicamos essa terceira edição à Laura e à sua corajosa batalha em favor da vida em plenitude; a cada momento de nossas vidas; a cada vez que sentimos o ar entrar em nosso peito.

AGRADECIMENTOS

Nós temos um enorme débito de gratidão com muitas pessoas que apoiaram, encorajaram e defenderam esse trabalho – são demais para nomeá-las todas, algumas das quais nunca encontramos pessoalmente. Elas representam todos os coaches e seus coachees (clientes) que percorreram a jornada do processo de coaching; suas vidas e trabalho são um reconhecimento vívido e uma motivação poderosa para manter esse material atualizado e significativo.

Nosso programa de treinamento teve um enorme papel na disseminação do poder e das possibilidades do coaching como profissão e se tornou nosso próprio laboratório de aprendizado, o que oferece os melhores resultados na área. Os professores e funcionários do The Coaches Training Institute estiveram na linha de frente da missão de preparar novos coaches, mantendo altos padrões profissionais e o método coativo em expansão. O comprometimento deles com a essência e as peculiaridades ajudou a refinar o método continuamente. Essa contribuição está acrescentada nessa terceira edição.

Temos visto o coaching difundir-se por todo o mundo nesses anos todos, desde a publicação da primeira edição. Evidentemente, existe um anseio no mundo demandando o coaching nas organizações, nos relacionamentos e na vida das pessoas, algo que transcende todas as fronteiras habituais. Nós queremos agradecer especialmente àqueles corajosos pioneiros que ocuparam a linha de frente nos esforços globais de disseminação. Nada teria acontecido sem a visão e a iniciativa dessas pessoas determinadas e dispostas a desafiar as línguas e as culturas em defesa do coaching.

Aos milhares de estudantes de coaching que treinamos, a nossos próprios clientes e, sim, aos nossos próprios coaches, somos agradecidos além das palavras. E, finalmente, aos clientes que são e sempre foram nossos professores mais importantes, esse agradecimento é para vocês. Vocês são a razão pela qual realizamos esse trabalho.

Henry e Karen Kimsey-House
Phillip Sandahl

Prefácio à terceira edição

Existem duas razões fundamentais para essa terceira edição de *Coaching Coativo*.

Primeira razão: o coaching continua mudando, evoluindo. A aplicação das habilidades e competências do coaching extrapolaram os limites da profissão em si mesma. Hoje em dia, o interesse pelo conjunto de habilidades e a forma de comunicação do coaching estão em todos os lugares: negócios, escolas, governos e até nas famílias. Ao mesmo tempo, a profissão de coach segue em evolução e crescimento, expandindo-se numérica e geograficamente em uma ampla gama de nichos distintos a partir da compreensão do que é e como funciona o coaching.

Segunda razão: o Coaching Coativo como modelo e método também continua a crescer e a evoluir. Temos expandido nosso alcance como treinadores de coaches e novas pessoas nos procuram em todo o mundo. Quanto mais ensinamos, mais aprendemos sobre nossa própria forma de treinar e mais nossos alunos nos mostram o poder transformador desse trabalho. Hoje temos mais clareza sobre a natureza do coaching coativo como uma contribuição única na área e também sobre o que dá a essa abordagem o impacto e os resultados que constatamos nos feedbacks positivos que recebemos.

Ao longo dos anos, este livro foi o aprendizado fundamental para milhares de coaches e milhares de pessoas que simplesmente queriam saber como incluir diálogos frutíferos em seus relacionamentos mais importantes, como no trabalho e em casa. Agora este é o texto adotado em programas de educação em coaching em diversas faculdades, universidades e escolas de administração ao redor do mundo. Francamente, somos modestos diante das dimensões do cenário e sentimos a responsabilidade de estar em sintonia com o ritmo do crescimento e das mudanças. Esta terceira edição ainda está fundamentada no básico: o modelo de Coaching Coativo e as ferramentas e as habilidades que lhe dão suporte. Quando revisamos a linguagem e os exemplos, nosso objetivo foi ampliar o alcance do conteúdo, ser mais inclusivos e oferecer uma gama maior de aplicações. Quando apresentamos novas perspectivas, compartilhamos a consciência crescente de nossa posição em favor das mudanças evolutivas no cerne do Coaching Coativo.

O crescente e evolutivo mundo do coaching

Desde que a primeira edição foi publicada, o coaching como campo de interesse disseminou-se pelo mundo. De sua origem nos Estados Unidos e na Europa, o tema é agora familiar em todos os continentes e os números continuam a crescer exponencialmente. É como se houvesse uma necessidade insatisfeita em cada canto do mundo e essa necessidade insatisfeita estivesse faminta pelo que o coaching pode oferecer. O mundo demanda por coaching. Os números e o alcance geográfico são impressionantes, mas é a demanda subjacente em si mesma que chama nossa atenção. A mudança tornou-se um estilo de vida e está se acelerando. O coaching é a metodologia que possibilita trabalhar a mudança em termos pessoais, organizacionais e em todos os nossos relacionamentos. À medida que as pessoas tornam-se mais conscientes de que o coaching facilita mudanças intencionais, a aplicação de seus fundamentos continua crescendo e evoluindo.

A expansão não é somente geográfica; o coaching torna-se cada vez mais diversificado enquanto os profissionais especializam-se em uma ampla variedade de nichos demográficos e temáticos. Praticamente todas as faixas etárias, ocupações e paixões pessoais contam com um coach esperando para responder a um contato.

No universo corporativo, o coaching já foi um benefício exclusivo dos principais executivos ou das estrelas em ascensão, mas atualmente integra a caixa de ferramentas organizacionais para ajudar funcionários, gerentes, supervisores e executivos em seu desenvolvimento pessoal e na sua contribuição ao sucesso da empresa. Recentemente, o engajamento dos funcionários e a cultura de mudança surgiram como iniciativas essenciais nas organizações, e o coaching desempenha um papel crítico nesse processo. As empresas aprenderam que funcionários satisfeitos e altamente motivados produzem resultados de alta performance. De fato, atualmente, diversas empresas oferecem treinamentos internos para acelerar a introdução da cultura e das habilidades em coaching.

Diante da crescente pressão para fazer mais com menos, as organizações aumentaram dramaticamente a ênfase na "equipe" como meio para aumentar a produtividade. Mais e mais, elas também estão aprendendo os benefícios do coaching de equipe, isto é, preparar as equipes e seus líderes para atuar com as habilidades e competências necessárias no mundo atual mais colaborativo. O coaching é um recurso-chave para otimizar o potencial de desenvolvimento individual e conquistar equipes de alta performance e excelência sustentável.

Até mesmo a definição de "coach" está em expansão. Hoje, uma ampla variedade de profissionais incluem coaching ou as habilidades de coaching em sua oferta de serviços. Eles reconhecem que as mudanças essenciais exigem tempo e atenção focada. É por isso que o coaching é tão valioso em qualquer iniciativa de mudança.

O coaching também tem um papel crescente na área de desenvolvimento de lideranças. Com o alto percentual de executivos e gestores seniores para se aposentar nos próximos anos, o planejamento da sucessão e o desenvolvimento de líderes tornaram-se imperativos organizacionais. Diante da natureza mutante das organizações, a ênfase do desenvolvimento de lideranças recai cada vez mais sobre a inteligência emocional e as habilidades dos líderes associadas ao relacionamento com as pessoas. É aqui que o coaching e as habilidades de coaching dos líderes tornam-se inestimáveis. Os melhores líderes da próxima geração estão sendo formados agora, e o coaching é um ativo no desenvolvimento deles.

Na primeira edição, abordamos o Coaching Coativo não apenas como um conjunto de habilidades profissionais, mas como uma forma única de comunicação. Essa consciência é mais evidente atualmente quando vemos essa "abordagem de coach" ser adaptada a muitas outras situações além do coaching profissional. Por exemplo, há professores usando as habilidades e o estilo de coach quando sentem necessidade. Vemos gerentes, pais, representantes de consumidores, trabalhadores da saúde aplicando as habilidades e a abordagem de coaching. As qualidades que tornam a interação do coaching efetiva são valiosas em muitas circunstâncias.

A caixa de ferramentas e o ritmo da mudança

Falando em se manter em sintonia com o ritmo da mudança, a seção mais popular do livro foi colocada na web. A Caixa de Ferramentas do Coach ocupava uma grande parte da primeira edição do livro; ela foi reproduzida em um CD na segunda para tornar mais simples a impressão dos exemplos. Na terceira, mudamos a Caixa de Ferramenta para a web; assim, as informações podem ser facilmente atualizadas e novos documentos podem ser adicionados. Para ver a Caixa de Ferramentas do Coach basta acessar: http://www.coactive.com/toolkit

Bem-vindo à terceira edição

Ao longo dos anos, temos visto o Coaching Coativo ser adotado por muitas culturas diferentes. É impressionante verificar o impacto desse trabalho em tantas línguas diferentes e com tantas expressões locais. Isso nos faz lembrar de que, em um nível mais profundo, o trabalho que realizamos é humano: ajudar pessoas e equipes (na realidade, microcomunidades) a realizar seus sonhos, praticar seus valores e conquistar os resultados mais importantes. Somos constantemente lembrados de que o Coaching Coativo cruzou todas as fronteiras habituais: geográficas, culturais e demográficas. Vivemos em um tempo estimulante e mutante no qual o coaching pode ser um ativo incrivelmente valioso. Estamos satisfeitos por compartilhar o que aprendemos nos últimos anos ao lhe apresentar esta terceira edição.

É extremamente gratificante constatar que o modelo de Coaching Coativo segue forte, durável e adaptável ao universo crescente e evolutivo da área.

Henry e Karen Kimsey-House, Phillip Sandahl
e a indômita presença do espírito de Laura Whitworth.

Primavera de 2011

Sumário

Introdução 1

Parte 1 – Fundamentos do Coaching Coativo 7
    Capítulo 1 – O modelo do Coaching Coativo 9
    Capítulo 2 – O relacionamento no Coaching Coativo 25

Parte 2 – Contextos do Coaching Coativo 41
    Capítulo 3 – Escuta 43
    Capítulo 4 – Intuição 65
    Capítulo 5 – Curiosidade 83
    Capítulo 6 – Endereçamento e aprofundamento 101
    Capítulo 7 – Autogerenciamento 123

Parte 3 – Princípios e práticas do Coaching Coativo 147
    Capítulo 8 – Plenitude 149
    Capítulo 9 – Equilíbrio 165
    Capítulo 10 – Processo 181
    Capítulo 11 – A integração dos princípios 199

Glossário 219

Introdução

Atualmente, o coaching é uma profissão próspera no mercado global e também um estilo de comunicação em expansão, que vem sendo adotado nas empresas e governos e ainda por gestores de organizações não lucrativas, professores, consultores, famílias e líderes de tantos outros setores. Este livro descreve uma abordagem particular do coaching e do relacionamento de coaching que chamamos de "Coaching Coativo", porque envolve a participação ativa e colaborativa tanto do coach quanto do coachee (cliente). Os conceitos fundamentais do Coaching Coativo tornam o método poderoso e adaptável.

O modelo do Coaching Coativo é uma abordagem comprovada ao longo de muitos anos de experiência de trabalho com clientes e coaches em todo o mundo. Este livro descreve o modelo em detalhes, define as habilidades e técnicas do Coaching Coativo e oferece exemplos de conversas, além de exercícios práticos que irão facilitar a compreensão do método.

O modelo de Coaching Coativo é o ponto de partida e se mantém como a essência do treinamento que oferecemos no The Coaches Training Institute (CTI), que foi fundado em 1992 por Laura Whitworth, Henry e Karen Kimsey-House. Hoje, o CTI é a maior organização mundial de treinamento pessoal em coaching, realizando cursos na América do Norte, Europa, Oriente Médio e Ásia. O Instituto oferece um pacote de treinamento abrangente para coaches, que inclui uma certificação altamente reconhecida, além de um exclusivo programa de desenvolvimento de lideranças, cursos em coaching e desenvolvimento organizacional e uma diversificada rede on-line, na qual os profissionais podem se engajar em diálogos de acordo com seus focos específicos de interesse. Com o nosso trabalho pioneiro na área de coaching, demos uma contribuição decisiva para o desenvolvimento dos princípios e habilidades associados à atividade e seguimos oferecendo nossa sólida colaboração e força visionária para a profissão.

Chegando à essência

Este livro, no entanto, não é apenas sobre as habilidades e a descrição do modelo. É sobre a natureza do relacionamento de coaching – especificamente, o relacionamento coativo. Nós analisamos a natureza da conversa coativa e o que a torna tão diferente dos outros diálogos – seja entre o coach profissional e seu coachee ou entre um gestor sênior e seu colaborador direto. O cerne dessa conversa é o mesmo no modelo coativo. Esse livro chega à essência do que torna a conversa coativa diferente de todas as outras que temos diariamente.

E o que é diferente em uma conversa coativa? Em nosso ponto de vista, o coaching não objetiva a solução de problemas, embora eles acabem sendo resolvidos ao longo do processo. Não é prioritariamente para melhorar o desempenho, realizar objetivos e conquistar resultados, apesar de isso com certeza acabar acontecendo durante um relacionamento eficiente de Coaching Coativo. Nós acreditamos que o coaching essencialmente envolve descoberta, consciência e escolha. É uma maneira de, efetivamente, empoderar as pessoas para que encontrem suas próprias respostas, encorajando-as e apoiando-as no caminho para que sigam fazendo escolhas vivificantes e realizem importantes mudanças.

O Coaching Coativo é uma forma de conversa com regras básicas inerentes no que se refere a determinadas qualidades que devem estar presentes: respeito, abertura, compaixão, empatia e o rigoroso compromisso de falar a verdade. Existem também certos pressupostos subjacentes ao diálogo. Nós assumimos que somos fortes e capazes e não fracos, desamparados ou dependentes. Assumimos também uma profunda disposição de oferecer o melhor e desenvolver todo nosso potencial. Uma conversa de coaching ainda incorpora algumas crenças: a de que toda situação apresenta possibilidades e a de que as pessoas realmente têm o poder de escolha em suas vidas.

Em nosso ponto de vista, o Coaching Coativo é uma maneira de estar em um relacionamento e em uma conversa, que pode ser única na história humana. É uma forma de comunicação que desloca o ponto focal da conversa da hierarquia ou do conteúdo para uma conexão humana em um nível mais profundo. Esse modo de comunicação está lançando suas raízes não somente no relacionamento formal de coaching, mas no ambiente de trabalho como um estilo de liderança e também em equipes e famílias. Apresenta particularmente bons resultados porque explora a necessidade humana de colaboração, uma experiência de comunicação muito diferente do habitual diálogo hierárquico, do superior para o inferior. O surgimento natural dessa expressão da comunicação de igual para igual – que envolve mais as possibilidades criadas do que as posições formais – é parte de nossa consciência humana em evolução. Nós consideramos que as conversas coativas são simultaneamente um avanço da consciência humana e um instrumento para criá-lo.

Esse estilo único da comunicação coativa torna-se visível em diversas circunstâncias. Você percebe isso no modo com que um coach escuta não somente as palavras, mas também o que existe por trás delas e até mesmo o silêncio entre cada frase. A pessoa que escuta como um coach é aquela que sintoniza as nuances de voz, a emoção e a energia – alguém que tem o objetivo de receber tudo o que a outra pessoa tem para comunicar. O coach – ou a pessoa que desempenha esse papel – é aquele que ouve o melhor do outro, até mesmo quando o outro não consegue ouvir a si mesmo.

Um coach é aquele que cuida para que o outro realize aquilo que diz que deseja, perseguindo seus objetivos depois de fazer escolhas. Ele está lá para manter a pessoa comprometida, seguindo em frente na direção de seus sonhos e metas. Em última instância, é quem ajuda as pessoas a levarem uma vida plena de significado e propósito.

Em nosso ponto de vista, uma das qualidades mais essenciais do coach, com a qual os clientes podem contar em um relacionamento desse tipo, é a sinceridade. Ele é uma pessoa que absolutamente sempre dirá a verdade – a verdade sobre os pontos fortes de seu cliente, por exemplo, e também sobre as questões que está se escondendo, desistindo, negando ou racionalizando.

Com este livro, aprenderemos novas formas de trabalhar com os outros: como descobrir e incentivar seu cliente a cumprir sua missão, propósito e agenda específica de interesses. Você encontrará maneiras efetivas para manter o outro rigorosamente transparente na prestação de contas do processo. Aprenderá a abordagem do Coaching Coativo em relação a valores, definição de metas, equilíbrio de vida e autogerenciamento.

Você também conhecerá as estratégias do coaching para endereçar os comportamentos sabotadores que sempre aparecem mais fortes justamente quando a pessoa necessita de coragem para assumir os riscos em favor da mudança. Essas estratégias comprovadas ajudam o cliente a se manter no processo e superar as ações que sabotam seus desejos, planos e sonhos.

Este livro enfatiza as informações e os exercícios para os coaches profissionais, muito embora as habilidades e conceitos apresentados possam ser aplicados em quase todo relacionamento – no trabalho, na família e com os amigos, em equipes, atividades comunitárias e voluntárias –, pois as competências de coaching e a natureza da interação humana não se limitam a esse ambiente. Nós reconhecemos agora que a essência do coaching é um estilo adaptado de comunicação, que se expande além do conjunto de habilidades dos coaches profissionais. E esse é um dos principais motivos de estarmos publicando esta terceira edição ampliada.

Como o livro está estruturado

A Parte 1 apresenta uma visão geral do modelo de Coaching Coativo. O primeiro capítulo começa pelos quatro pilares, que são a base sobre a qual o modelo está alicerçado. Juntos, eles formam uma rede de pontos inter-relacionados, na qual as conversas mais produtivas e poderosas podem acontecer. Seguimos adiante com a construção do modelo, introduzindo os cinco contextos do Coaching Coativo: escuta, intuição, curiosidade, endereçamento e aprofundamento e, por fim, autogerenciamento. O capítulo também descreve os três princípios – plenitude, equilíbrio e processo – que, em conjunto, formam o foco do cliente no centro do modelo. A Parte 1 ainda explica como estruturar e trabalhar efetivamente o relacionamento entre coach e coachee (cliente). O que denominamos de "aliança estruturada" oferece clareza e solidifica o relacionamento de coaching.

A Parte 2 descreve cada um dos cinco contextos em detalhes e apresenta situações e exemplos das habilidades de coaching em ação. Nela, oferecemos amostras de conversas de coaching assim como exercícios que colocam em prática suas competências.

A Parte 3 aborda os três princípios essenciais: como treinar o cliente para a plenitude, o equilíbrio e o processo. No último capítulo, descrevemos a integração desses três princípios à arte do coaching.

Em resumo, esse livro oferece uma abordagem abrangente para a compreensão da natureza do relacionamento eficiente em Coaching Coativo e as habilidades necessárias para sua construção. Apresenta ainda uma estrutura sistemática reforçada por exemplos da vida real e exercícios práticos para o desenvolvimento de suas habilidades em coaching. Este é um livro para aqueles que querem ampliar seu conhecimento e desenvolver suas capacidades como coaches profissionais, e também para quem deseja simplesmente acrescentar essa abordagem a suas conversas mais importantes, utilizando o modelo único que chamamos de Coaching Coativo.

Parte 1

FUNDAMENTOS DO COACHING COATIVO

Desde o primeiro dia, o coaching põe foco no cliente (coachee[1]). As pessoas participam ou procuram pelo coaching porque querem mudanças. Elas querem transformações ou têm metas importantes a alcançar. Há uma série de razões individuais. Podem estar motivadas a atingir um objetivo específico: escrever um livro, começar um negócio ou levar uma vida mais saudável. Procuram o coaching porque desejam tornar-se mais eficientes ou mais satisfeitas no trabalho, ou ainda porque desejam desenvolver novas habilidades que as ajudem a navegar em um cenário de mudanças. Às vezes, as pessoas querem mais da vida – mais paz mental, mais segurança ou causar mais impacto no trabalho. De vez em quando, querem menos – menos confusão, menos estresse ou menos pressão financeira. Em geral, buscam o coaching porque esperam alcançar melhor qualidade de vida – mais plenitude, melhor equilíbrio – ou pretendem aprender um novo processo para conquistar seus objetivos de vida. Qualquer que seja essa razão individual, tudo começa com uma avaliação minuciosa da motivação do coachee.

---

[1] Nessa terceira edição, intencionalmente, nós usamos o termo "coachee" para indicar a pessoa que recebe o coaching. A palavra "coachee" (já bastante usada fora dos Estados Unidos) refere-se a qualquer pessoa que receba o coaching, enquanto o termo "cliente" implica em um relacionamento de coaching profissional. O modelo se aplica mesmo quando o relacionamento de coaching é mais informal, como entre um gerente e seu funcionário direto. A utilização do termo "coachee" refere-se a todo tipo de relacionamento. Nessa terceira edição, aplicamos as palavras "coachee" e "cliente" como sinônimos.

A Parte 1 explica o que o coach traz para essa interação e apresenta como é o processo do coaching sob a perspectiva coativa. Nessa etapa, nós delineamos os conceitos e mostramos como eles operam juntos em um modelo abrangente. Nos capítulos finais, detalhamos os principais componentes para aprofundar o conhecimento e oferecemos exemplos de conversas entre coach e coachee.

Capítulo 1

O modelo do Coaching Coativo

O termo "Coativo" refere-se à natureza essencial do relacionamento de coaching, no qual o coach e o coachee são colaboradores ativos. No Coaching Coativo, há o relacionamento – de fato, uma aliança – entre dois iguais com o propósito de atender às necessidades do cliente.

Os quatro pilares

Os quatro pilares formam o alicerce que suporta a conversa coativa. Na verdade, os pilares tornam viável a existência de diálogos verdadeiramente Coativos. Isto é, oferecem a estrutura necessária para que exista um *relacionamento* poderoso e engajado – o "co" de Coativo – e para que o coachee expresse ações reais em sua vida.

As pessoas são naturalmente criativas, engenhosas e capazes

Começamos com essa assertiva: as pessoas são, pela própria natureza, criativas, engenhosas e capazes. Elas são capazes: capazes de encontrar respostas; capazes de fazer escolhas; capazes de entrar em ação; capazes de se recuperar quando as situações não são como o esperado; e, especialmente, são capazes de aprender. Essa capacidade existe dentro de todo ser humano, independente de suas circunstâncias. No modelo coativo, esse ponto é mais do que uma crença – é uma posição que assumimos.

A alternativa seria acreditar que as pessoas são frágeis e dependentes. Com essa crença, a tarefa do coach seria conduzir o cliente em direção ao resultado mais seguro possível. É possível perceber a diferença. Quando assumimos a posição de que as outras pessoas são naturalmente criativas e engenhosas, nós nos tornamos suporte para seu desenvolvimento e não "seguradores de mãos". Como coaches, quando partimos do princípio de que o coachee é criativo e engenhoso, ficamos curiosos, abertos às possibilidades, fazemos descobertas juntos; não ditamos o caminho. Esperamos ficar maravilhados.

A chave aqui é a palavra "naturalmente". Claro, com certeza, de vez em quando, as circunstâncias parecem ser insuperáveis, quando até o ser humano mais resiliente acha que a montanha é muito alta, a estrada muito competitiva e que o esforço simplesmente não está a seu alcance. As circunstâncias e a voz do sabotador interno dizem: "Por que se importar?" ou "Você não tem o que é necessário para isso" e qualquer pessoa pode se sentir bem menos do que criativa, engenhosa e capaz. Nesses dias, mais ainda do que em outros, é responsabilidade do coach ver a verdade, ou seja, aquele ego natural que era e ainda é capaz. Nós devemos lembrar aos nossos coachees de sua própria luz interna e ajudá-los a reencontrá-la – porque ela está lá naturalmente.

Foco na pessoa como um todo

Para a maioria das pessoas que pretende ser útil e também para a maioria dos novos coaches ou daquelas que estão nesse papel, a principal pergunta que passa pela cabeça é: "Qual é o problema a resolver?" É uma questão que deriva das melhores intenções: o desejo de compreender e oferecer uma ajuda valiosa para que o problema possa, então, ser solucionado. Mas, quando o coach está sentado diante de seu coachee (ou mesmo por telefone), ele não está sentado diante de um problema a ser resolvido;

ele está sentado diante de uma pessoa. E ela tem um problema a solucionar – uma mudança para fazer, um sonho a realizar, uma tarefa para cumprir ou um objetivo a atingir. Tudo isso é verdade. Mas a pessoa é mais do que o problema em questão – ou a meta ou o sonho, ou a tarefa. É uma pessoa integral: coração, mente, corpo e espírito. E o problema, qualquer que seja, não está nem um pouco isolado dela. Está inexoravelmente incorporado à vida inteira do coachee.

Talvez a palavra "foco" esteja um pouco equivocada no título desse pilar. Certamente, não estamos falando de um foco forte, sólido e concentrado na pessoa como um todo. Trata-se mais de uma atenção ampla, um foco suave que inclui a pessoa e sua vida em totalidade e requer a capacidade de escuta em diversos níveis. Com bastante frequência, em nossa ânsia em ajudar, acessamos apenas o espaço entre nossos ouvidos. Usamos a mente para sondar, compreender e, então, criar soluções lógicas e pragmáticas. A análise e a lógica são atributos valiosos e úteis – mas não contam toda a história. Às vezes, uma solução "correta" pode ter consequências emocionais da mesma importância; de vez em quando, o que a mente considera positivo, o espírito sente como uma perda. Não estamos sugerindo que o foco do coaching deva ser o coração, mente, corpo e espírito separadamente, mas o coach – ou a pessoa que exerce esse papel em conversas coativas – deve estar sintonizado nas influências presentes em cada uma dessas dimensões.

Alguns anos atrás, falar sobre as emoções era tabu, especialmente no ambiente de trabalho. Atualmente, os cursos que abordam o domínio da inteligência emocional são comuns, graças aos estudos revolucionários de Daniel Goleman. As pessoas estão mais abertas às conversas que incluem referência ao corpo. Mas a consciência da linguagem corporal e o trabalho excepcional dos especialistas em psicossomatologia abriram caminho para uma discussão mais ampla e profunda sobre o papel do corpo na comunicação.

Certamente, uma das dimensões mais delicadas é o "espírito". É a mais difícil de definir, mas está presente em todo ser humano. No coaching, nós conseguimos afirmar o que ela não é, pois não está limitada a uma forma de espiritualidade ou religião. Há, porém, uma dimensão espiritual que influencia as escolhas humanas. Existem diferentes nomes e diferentes expressões, mas, em essência, é aquele sentido de viver de acordo com valores ou um chamado ou uma força maior do que a própria pessoa. Às vezes, é a intuição, aquele sentimento visceral ou aquela convicção que guia nossas vidas. É aquela dimensão espiritual que transcende determinada decisão; de fato, sabemos que é o espírito porque sentimos a transcendência.

Obviamente, foco também significa que nós, no papel de coaches, estamos atentos a todas as formas com que aquela questão ou problema está entrelaçado na vida da pessoa. Há uma vasta ecologia entre o coachee e as prioridades que estão interconectadas com o tema em questão. Com certeza, é possível que coach e coachee consigam limitar a conversa a uma questão única e bem limitada: a conclusão de um projeto, por exemplo. A habilidade de conduzir a conversa para qualquer área que o cliente esteja interessado não significa que o coach deva insistir em definir o destino da interação e seguir para lá. Novamente: a chave é a consciência crescente, porque nenhum assunto existe isoladamente. Uma decisão tomada em uma área da vida inevitavelmente se reflete em todas as demais. Um movimento estimulante de carreira pode ser muito gratificante – mas também pode afetar a saúde, as relações familiares, a disponibilidade de tempo e a geografia. O coach pode trabalhar eficientemente com seu cliente em uma questão bem limitada; mas, na abordagem Coativa, há sempre um amplo cenário a considerar, o que inclui a pessoa como um todo.

Dançar o momento

Uma conversa é um intercâmbio dinâmico e poderoso entre as pessoas. É natural prestar atenção ao seu conteúdo – as palavras, as posições, as ideias. O conteúdo é sempre o que está mais "visível" e o mais fácil de responder. Ainda assim, além das palavras e do conteúdo, há muito mais acontecendo a cada momento da conversa. Cada diálogo tem seu próprio tom, disposição e nuances. Há tanta informação – às vezes, até mais – em *como* as palavras são ditas; de vez em quando, há mais informação naquilo que não foi dito do que naquilo que foi dito de fato. Para o coach, uma conversa torna-se um exercício de escuta intencional em diversos níveis e, claro, a escolha do que responder e quando fazer intervenções. A informação sobre o que falar ou perguntar não vem de um roteiro prévio. Vem do momento, *desse* momento e, então, do próximo momento. Portanto, "dançar o momento" é estar integralmente presente no que está acontecendo exatamente agora e responder aos estímulos, em vez de contar com um plano de resposta.

"Dançar" é a essência coativa o – sendo *co*laborativo e "ativo" como em um movimento conjunto com o outro. Em uma verdadeira conversa coativa, há momentos em que o coach conduz a dança; momentos em que o coachee é quem conduz; e momentos em que não fica claro quem está liderando e quem está seguindo. Todos os três estágios da dança são naturais, mas o terceiro, aquele em que os movimentos perdem a clareza de quem conduz e de quem é conduzido, é um estado raro de conexão. É um lugar de sintonia entre um e outro e, francamente, um espaço de vulnerabilidade – uma disposição, construída sobre uma confiança extraordinária, de ir em frente seguindo o fluxo da conversa. Parece realmente uma dança requintada na qual os dois parceiros estão em sintonia com o ritmo, o tom e os passos. Todo movimento é em favor do aprendizado e da descoberta do coachee.

Evocar transformação

O coach e o cliente estão nessa conversa coativa por um propósito em comum: a vida plena do coachee. O tema do coaching será provavelmente algo bem específico – uma fração da vida do cliente em que ele está focado no momento. Mas, se seguirmos da folha até o galho e, então, viajarmos do tronco às raízes, encontraremos conexões mais profundas. O objetivo de uma sessão de coaching pode girar em torno de mais clareza e ação em um determinado projeto. A motivação pode ser um novo emprego ou promoção, a melhoria do desempenho esportivo ou a execução de um plano de negócio. Na verdade, o coachee deve manter sua atenção na meta específica dessa determinada questão. O coach, por sua vez, vê a árvore inteira e as conexões maiores e completas com toda a vida do outro. Nesse modelo, o coach enxerga a questão específica como a expressão de algo maior e mais valioso para o coachee. A ação adotada agora é o meio para um objetivo maior: a vida em plenitude em qualquer área que o cliente considere importante.

Há um chamado para aquilo que é o melhor, para a vivência de todo o potencial do coachee. E, quando se acende essa conexão entre a meta de hoje e o potencial de vida, o efeito é transformador. A partir disso, o relatório, a entrevista de emprego e a maratona passam a ser mais do que um tópico na lista de tarefas a realizar. A conquista é uma mensagem sobre quem o coachee pode ser. Nesse ponto, ocorre uma mudança do "Aaah!" de satisfação para o "Ahã!" de um novo patamar de consciência, uma nova força, uma capacidade renovada – como descobrir músculos que você não sabia que tinha ou já havia esquecido que tinha.

Parte desse "Ahã!" – o novo patamar de consciência – é a percepção do próprio coachee de que tem capacidades ampliadas para alcançar todo seu potencial. O que aprendeu nessa experiência, ele passa a aplicar em outras situações com naturalidade.

É por isso que nós enfatizamos a posição de evocar a transformação como um dos pilares do modelos Coativo. É como se o coach tivesse "fome" de tudo que é possível, incluindo ganhar ou recuperar a força interna e os recursos para evoluir, crescer e ampliar as capacidades a partir de uma determinada área para utilizá-las na vida como um todo. O coach desempenha um papel-chave ao manter a visão do que é possível e seu compromisso de proporcionar uma experiência transformadora. O coachee escolhe a área, as ações e os resultados que pretende alcançar. Mas, ao assumir a posição em favor do maior impacto possível a partir da menor ação, o coach encoraja e, em última instância, evoca a transformação do coachee.

O centro do modelo

O relacionamento de coaching só existe para endereçar as metas do cliente – então, naturalmente, a vida do cliente é o foco no centro do diagrama apresentado na Figura 1. Há duas maneiras de encarar isso. Uma delas é ver a ação diária como parte do grande cenário da vida do cliente. As pessoas tomam dezenas, centenas de decisões todos os dias para adotar, ou não, certas atitudes. As escolhas que fazemos diariamente, não importa quanto possam parecer triviais, contribuem para criar uma vida mais (ou menos) plena. As decisões que tomamos nos aproximam ou nos afastam de um melhor equilíbrio em nossas vidas. As escolhas que fazemos também colaboram para um processo de vida mais ou menos eficiente. Portanto, em algum grau, as ações do cliente estão sempre relacionadas a um desses princípios: plenitude, equilíbrio e processo. São princípios porque são fundamentais para dar vigor à vida. Assim como o oxigênio, o combustível e o calor não se separam do fogo, esses três princípios se combinam para criar uma vida mais plena – talvez "Vida" com "V" maiúsculo.

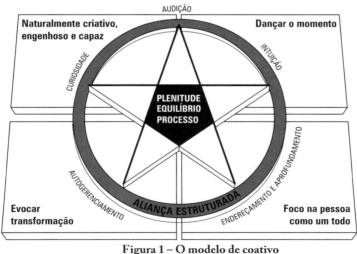

Figura 1 – O modelo de coativo

Há ainda uma segunda forma de encarar a questão específica escolhida pelo coachee para trabalhar nas sessões de coaching.

O cliente inclui todo tipo de tópico em sua agenda de interesses. Aquele tema do dia, da semana ou do mês relaciona-se à sua vida diária, à vida com "v" minúsculo. Mesmo assim, qualquer que seja a questão escolhida, existe uma maneira de vinculá-la a uma Vida mais ampla e mais plena, com mais equilíbrio e melhor processo.

Plenitude

A definição de plenitude para o cliente é sempre extremamente pessoal. Especialmente no início, essa definição pode incluir sinais externos de sucesso: um bom emprego ou promoção, bastante dinheiro, um determinado estilo de vida. No entanto, ao longo do coaching, a ideia de plenitude evoluirá para um sentido mais profundo. Não se trata de ter mais. Não se trata do que o cliente possui na carteira ou nos armários – mas do que ele traz no coração e na alma. Uma vida plena é valiosa, e o cliente terá sua definição do que realmente valoriza. Se ele dá valor ao risco, há bastante aventura em sua vida? Se valoriza a família, está enganando a si mesmo quando cede às exigências do trabalho? Quais são os valores pessoais que gostaria de reconhecer em seu trabalho? Definir os próprios valores é como definir as escolhas de vida, porque quando as escolhas refletem nossos valores, a vida fica mais gratificante e exige menos esforços. Conquistar um determinado objetivo pode ser muito gratificante – especialmente, como referência – mas a maioria dos clientes não considera que essa seja a linha de chegada. Nesse grau mais profundo, a plenitude é a descoberta e a experiência de uma vida com propósito e realização. É atingir o pleno potencial.

Equilíbrio

Diante de tantas responsabilidades e distrações, e devido à alta velocidade das mudanças atualmente, o equilíbrio pode parecer um sonho impossível. Esse ponto é especialmente enganador para a maioria das pessoas que procura o coaching. Elas tendem a estar insatisfeitas com o padrão mínimo de funcionamento para estarem vivas: querem mais da vida e querem oferecer mais em troca. São apaixonadas pelas questões que consideram importantes, focadas em seus compromissos e, às vezes, tão intensas que uma das áreas de suas vidas é um modelo de excelência, enquanto as demais estão em ruínas. Elas entendem o valor do equilíbrio e, provavelmente, já fizeram várias tentativas para conquistá-lo – com boas intenções para se exercitar mais, ter mais tempo livre ou reencontrar os amigos –, mas descobriram que as semanas e os meses passaram sem nenhuma mudança. A vida está fora de equilíbrio.

Com frequência, as pessoas parecem se conformar com o desequilíbrio, como se a vida fosse assim. É o mundo real, dadas as circunstâncias. Há uma única maneira de olhar para a vida e parece ruim. O coaching em favor do equilíbrio, no entanto, dá foco na ampliação da perspectiva e assim adiciona mais possibilidades de escolha. Em última instância, o equilíbrio se refere a fazer escolhas: dizer "sim" a algumas questões e "não" a outras. Pode ser bastante desafiador. Os coachees tendem a querer dizer "sim" para mais áreas em suas vidas, sem abrir espaço para dizer "não" para outras. Esse impulso leva a um sentimento de sobrecarga – e a uma vida em desequilíbrio.

O equilíbrio é um estado fluido porque a vida em si é dinâmica. Por isso, faz mais sentido observar se o cliente está agindo para se aproximar ou se afastar dele, em vez de lhe oferecer "o equilíbrio" como uma meta a ser conquistada. Como as estações do ano, o equilíbrio é mais bem percebido no longo prazo. É também uma questão eterna, como o coachee terá a oportunidade de perceber – de uma forma ou de outra –, ao longo do relacionamento de coaching.

Processo

Nós estamos sempre em processo. De vez em quando parece frenético; de vez em quando é até atraente. Como o coaching é eficiente na obtenção de resultados, tanto o coach quanto o coachee podem cair numa armadilha: focar completamente no destino e perder de vista o fluxo da jornada. De fato, o processo é frequentemente comparado a um rio. Conforme a vida flui, haverá períodos de águas rápidas, impetuosas e cristalinas, assim como momentos de calmaria e correntes tranquilas. Mas também existirão os dias para ficar à deriva, prendendo-se em turbilhões de trabalho, reviravoltas nos relacionamentos ou se atrasando em pântanos traiçoeiros. Haverá enchentes e estiagens. A missão do coach é observar, apontar e estar com seu cliente em qualquer ponto que ele esteja do processo. O coach está lá para encorajar e apoiar, oferecer companhia nas corredeiras e para navegar com o cliente em águas escuras, assim como para celebrar sua habilidade e sucesso ao superar as passagens mais difíceis. O coaching possibilita ao cliente viver relacionamentos mais profundos em todos os aspectos de sua vida.

Sendo assim, o Coaching Coativo se refere a esse cenário mais amplo da vida do cliente, que envolve plenitude, equilíbrio e processo. Esses são os princípios fundamentais que estão no centro do modelo de Coaching Coativo. Em conjunto, eles geram o calor e a luz necessários para desfrutar uma Vida vigorosa.

Aliança estruturada para um ambiente produtivo de coaching

Como o cliente está no centro do modelo de Coaching Coativo (veja Figura 1, p. 31), ele e sua agenda de interesses são envolvidos por aquilo que denominamos de círculo protetor da aliança estruturada. No Coaching Coativo, o poder e a força estão no relacionamento e não com o coach. Ele e seu cliente trabalham juntos para estruturar um relacionamento de trabalho eficiente, que atenda às necessidades do coachee. Na verdade, o cliente desempenha um papel importante ao declarar como quer ser treinado. Ele é convidado a criar um relacionamento produtivo que combine com seu estilo de trabalho e aprendizado. A interação é customizada com a abordagem de comunicação que acredita funcionar melhor. O processo de estruturação da aliança é de mútua responsabilidade. O cliente aprende que está no controle do relacionamento e, em última instância, das mudanças que vai realizar em sua própria vida.

Os cinco contextos

Visualmente, o modelo de coaching da Figura 1 representa uma estrela de cinco pontas. Cada uma delas é um contexto que o coach traz ao relacionamento e um ponto de contato com o coachee. Ao praticar o coaching, o coach sempre recorre à prática desses contextos. É como o músico que desenvolve sua técnica ao longo do tempo. Os cinco contextos estão sempre em cena. No livro, nós os apresentamos em uma determinada ordem, mas eles são uma constelação e não uma sequência – elementos essenciais para uma abordagem completa de coaching –, como cinco holofotes que estão sempre acesos para iluminar a vida do cliente.

Escuta

Com certeza, o coach ouve as palavras do cliente registrando o conteúdo relacionado ao tema específico do coaching. Mas a escuta mais importante ocorre em um nível mais profundo. É a escuta do significado por trás da história, do processo subjacente, da questão que vai aprofundar o aprendizado. O coach ouve a aparência da visão, valores e do propósito do coachee. Mas ele também ouve as resistências, os medos, os retrocessos e a voz do sabotador que está lá para evitar a mudança, além de apontar as deficiências e trazer à tona as razões pelas quais aquela ideia, qualquer que seja, não irá funcionar.

O coach escuta simultaneamente em vários níveis para verificar em que ponto o cliente está no processo, saber onde está em desequilíbrio e avaliar o progresso na trajetória em direção à plenitude. O coach também escuta as nuances de hesitação e o sinais ácidos de que algo não soa verdadeiro (no Capítulo 3, vamos abordar em profundidade os três níveis da escuta).

Intuição

Ao escutar além da superfície, o coach encontra o lugar onde as informações negativas se misturam com as positivas. A intuição é um tipo de conhecimento que deriva da experiência e frequentemente daquilo que não é falado expressamente. Ela permanece obscura porque para a maioria das pessoas não é fácil confiar nela. Nossa cultura não valida a intuição como um meio confiável para chegar a conclusões ou tomar decisões, então, hesitamos ao levar em consideração o que ela nos diz. Nós recuamos porque não queremos parecer tolos. Ainda assim, a intuição é um dos mais poderosos talentos que o coach traz para o processo.

Como coach, recebemos um grande número de informações do cliente e, então, durante o coaching, nós as combinamos com nossa experiência, não apenas do processo em si, mas também da nossa vivência operacional no mundo. Adiciona-se a isso mais um fator: a informação derivada de nossa intuição. Talvez não devêssemos chamar isso de "intuição". Podemos dizer que é um pensamento, um pressentimento ou uma sensação visceral. Não importa qual a definição, esse impulso surge de nossa intuição. Para a maioria dos coaches, essa habilidade requer prática e desenvolvimento. E é extremamente valiosa porque, vez ou outra, sintetiza mais impressões e informações do que nossa capacidade de análise consciente.

Curiosidade

Um dos pilares fundamentais do Coaching Coativo é que o cliente é capaz, criativo e tem as próprias respostas. A tarefa do coach é fazer as perguntas e conduzir o processo de descoberta. O contexto de curiosidade dá certa estrutura ao processo de descoberta das respostas e delineamento das ideias. A curiosidade é aberta, convidativa, acolhedora, quase divertida e, ainda assim, é muito poderosa. Como nas ciências, em que a curiosidade nos leva a explorar as questões mais misteriosas da matéria, da vida e do universo, no coaching, ela possibilita que o coach e o coachee mergulhem nas áreas mais profundas do interior do cliente, lado a lado, simplesmente observando com interesse o que poderão encontrar.

Como o coach não é um inquisidor, mas está ao lado do coachee nessa exploração, ele pode fazer perguntas instigantes para quebrar antigas defesas. Quando o cliente aprende a ser curioso sobre sua própria vida, isso reduz a pressão e minimiza os riscos do processo. Ele se torna mais disposto a olhar os pontos escuros e experimentar desafios porque também está curioso sobre si.

Endereçamento e aprofundamento

O resultado do trabalho conjunto do coach e do coachee é a ação e o aprendizado. Essas duas forças, ação e aprendizado, combinam-se para gerar a mudança. Como a noção de ação é tão importante para o propósito do coaching, nós sempre utilizamos o verbo "endereçar" no sentido de "encaminhar o cliente a agir".

A outra força em operação no processo humano de mudança é o aprendizado, que não se refere a um simples subproduto da ação, mas é uma força equivalente e complementar. O aprendizado incentiva a criação de novos recursos, expande as possibilidades e fortalece os músculos para a mudança.

Um dos equívocos mais comuns a respeito do coaching é que o processo é simplesmente conseguir realizar as tarefas – com desempenho em alto nível. Por causa desse engano, o coaching tem sido comparado à contratação de um pai exigente, que está sempre garantindo que você arrume a cama e faça a lição de casa. Em algumas organizações, essa imagem é substituída pela de um professor com uma régua, preparado para mensurar suas falhas e providenciar as punições. Mas o coaching não se trata de apenas realizar tarefas; refere-se muito mais ao aprendizado contínuo, especialmente em relação às ações que estão contribuindo, ou não, para atingir os princípios essenciais: plenitude, equilíbrio e processo. A conexão entre ação, aprendizado e os princípios essenciais é chave. Atribuem a Gandhi a seguinte frase: "Há mais na vida do que aumentar sua velocidade." Da mesma forma, há mais na vida, pelo menos no Coaching Coativo, do que aumentar o ritmo das ações.

Autogerenciamento

Com o objetivo de realmente manter a agenda de interesses do cliente, o coach deve sair do caminho – algo nem sempre fácil de fazer. O autogerenciamento é a habilidade do coach de deixar de lado suas opiniões pessoais, preferências, orgulhos, defesas e o próprio ego. Ele precisa "estar ali" com o coachee, imerso na situação e batalha dele, e não "logo ali", lidando com os próprios pensamentos e julgamentos. O autogerenciamento significa abrir mão da necessidade de parecer legal e de estar certo – o holofote deve estar ligado sobre o coachee e não sobre o coach. O autogerenciamento refere-se à consciência do impacto. Ao longo do relacionamento de coaching, o cliente também aprende sobre o autogerenciamento em sua própria vida. Eles vivenciam o modelo e desenvolvem sua consciência sobre o impacto.

O papel do coach no modelo

O coach é uma espécie de agente de mudança e entra nessa equação sem conhecer o resultado futuro. As metas, planos, novas práticas, referências e conquistas de todos os tipos são parte do processo de trabalho do cliente, facilitado pela interação do coaching. O coach é o catalisador, um elemento importante para acelerar a mudança.

Mas esse papel é mais do que passivo. Nós vemos o coaching, especialmente no modelo apresentado aqui, como uma prestação de serviços que exige compromisso e presença do coach. Seja no trabalho com seus clientes particulares ou quando contratado para atuar dentro de uma organização, um senso de propósito mais elevado é definitivamente um elemento subjacente ao processo. No universo do Coaching Coativo, nós consideramos que o relacionamento existe para servir ao mais alto propósito do cliente. Quando visamos a esse propósito superior, criamos os meios para a mudança transformadora do cliente e, por extensão, de sua família e da organização. A mudança do cliente em seu mais alto propósito reverbera pelo mundo.

Estar presente ali, contribuindo para essa mudança, é extremamente gratificante. Isso preenche o sentido do alto propósito também na vida do coach. Fazer a diferença – ajudar os outros a conquistar seus sonhos e atingir seu potencial – é o que faz os coaches mergulharem no trabalho.

Capítulo 2

O RELACIONAMENTO NO COACHING COATIVO

Mais do que uma metodologia, o coaching é um relacionamento, um tipo particular de relacionamento. Sim, existem habilidades a aprender e uma ampla variedade de ferramentas disponíveis, mas a verdadeira arte de eficiência no coaching deriva da capacidade de trabalhar o próprio relacionamento. Cada cliente é ímpar com seu exclusivo conjunto de circunstâncias, suas metas e desejos de mudança, habilidades, interesses e até mesmo hábitos de autossabotagem únicos. Em linhas bem gerais, podemos falar em áreas foco em que os clientes sempre perseguem objetivos: mudança de carreira, transição de vida, melhoria de desempenho, liderança no trabalho, saúde e bem-estar – mas apenas em termos realmente genéricos. Acrescente-se a esse cenário o fato de as metas mudarem conforme o cliente vai entendendo o que lhe é mais importante, enquanto mergulha mais profundamente no que o motiva e em como produz melhores resultados (ação e aprendizado). Não existe um manual autorizado de referências universais com diagnósticos padronizados e soluções de coaching claramente definidas. O coaching é inerentemente dinâmico; é uma das qualidades fundamentais do processo e a razão de seu poder como meio de mudança. O coaching é pessoal e se constitui em um único e poderoso relacionamento em favor da mudança.

No Coaching Coativo, também enfatizamos a relação igualitária, isto é, o coach e o coachee são pares, embora desempenhem papéis diferentes. Eles são Coativos no relacionamento e, portanto, de alguma forma, são cocriadores e colaboradores.

Podemos representar esse relacionamento como um triângulo (veja a Figura 2). O coach traz energia ao coaching. O cliente também traz energia ao relacionamento, não ao coach. Por sua vez, o cliente é empoderado pelo relacionamento – empoderado para assumir a responsabilidade sobre sua vida e sobre as escolhas que faz. Nessa figura, todo poder e energia do relacionamento existem para servir ao cliente.

De fato, o coach coativo deve se deslocar da posição de "eu sou poderoso" para "o relacionamento de coaching é poderoso". O coaching poderoso não se refere a um coach poderoso; trata-se do poder que o cliente vivencia. Imagine que o relacionamento de coaching é um local de recarga de energia onde o cliente se reabastece com o poder necessário para superar as dificuldades da vida. Ele não conseguirá isso se estiver com o nível de energia baixo. O poder não deriva diretamente do coach, mas, sim, do relacionamento – da sinergia entre a energia trazida pelo cliente na forma de desejo e motivação e a adicionada pelo coach com seu comprometimento, habilidade e compreensão do processo humano de mudança.

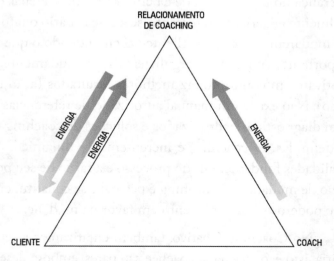

Figura 2 – O triângulo de energia do coaching

O ambiente de coaching

Em essência, uma sessão de coaching é uma conversa entre o coach e outra pessoa ou – em coaching de equipe ou de grupo – com duas ou mais pessoas. Mas não é comum que haja sessões diárias. Uma conversa eficiente de coaching vai ao ponto central do que realmente importa. É um diálogo focado, concentrado e estruturado para ajudar o coachee a esclarecer suas escolhas e realizar as mudanças. O ambiente em que a conversa acontece é crucial.

Por "ambiente" podemos entender tanto o espaço físico quanto a sintonia do relacionamento construída sobre regras básicas, expectativas e acordos mútuos. No Coaching Coativo, existem duas características fundamentais para um ambiente eficiente: primeira, deve ser seguro o suficiente para o cliente assumir os riscos necessários; e segunda, deve ser um espaço de coragem onde o coachee seja capaz de abordar a própria vida e suas escolhas com motivação, criatividade e curiosidade. É melhor explicar que "seguro" não significa necessariamente "confortável". As mudanças significativas podem ser altamente desconfortáveis, mas, mesmo assim, é possível assegurar que a experiência seja segura. Como um montanhista escalando a face mais íngreme de um penhasco, esforçando-se para chegar ao topo, o cliente deve considerar o processo estimulante, exaustivo e assustador. Porém, por saber que há o equivalente a uma equipe de apoio segurando a corda, garantindo sua segurança, ele se sente confiante para seguir na escalada.

Existem determinadas qualidades que caracterizam um ambiente que é seguro e, ao mesmo tempo, estimula a coragem do cliente. Essas qualidades dão forma ao que podemos chamar de "recipiente" do relacionamento de coaching.

Confidencialidade

Promover a mudança significa perturbar a ordem familiar e já bem estabelecida das coisas. Pode ser profundamente gratificante, talvez até excitante embarcar nessa mudança e ainda assim se sentir ameaçado. Mesmo que o cliente e seu mundo estejam completamente comprometidos e incentivem a mudança, ela – por sua própria natureza – é o desconhecido. Quando o cliente vai assumir riscos para fazer uma mudança significativa, deve ser capaz de falar abertamente com seu coach. A confiança é crucial porque conduz à descoberta do que é necessário para entrar em ação. Sem a segurança e a garantia que a confidencialidade oferece, o relacionamento de coaching será hesitante, pois sempre haverá o questionamento sobre o que possivelmente está sendo omitido.

O coach que trabalha com clientes dentro de uma organização tem que lidar com um ambiente ainda mais complexo. A confidencialidade entre coach e coachees permanece uma condição essencial, mas como a empresa tem interesse direto no resultado, é comum que seja apresentado algum tipo de relatório sobre o processo de coaching. Com frequência, é o cliente quem assume a responsabilidade de reportar a natureza do trabalho de coaching, o que possibilita que exponha o que é mais relevante para a organização, enquanto preserva a confidencialidade entre ele e seu coach.

Confiança

Um acordo para manter a conversa de coaching confidencial é um componente-chave para construir a confiança, que também se desenvolve ao longo do tempo conforme o cliente e o coach aprendem que podem contar um com o outro e o relacionamento começa a dar resultados. A confiança também se consolida com detalhes como a pontualidade das sessões de coaching e a formação de um padrão de segurança. Como a confiança funciona para os dois lados, ela é tão importante para o coach quanto para o coachee. O coach tem que agir honestamente.

O relacionamento também é construído e a confiança é ampliada pela simples crença do coach em seu cliente. Nós vivemos em uma cultura em que, na maior parte do tempo, as pessoas são chamadas a dar provas de si mesmas ou demonstrar seu valor por um padrão de desempenho antes de serem aceitas em um grupo.

Essa cultura gera relacionamentos em que a ênfase recai sobre a comprovação, explicação e justificativa. O Coaching Coativo, porém, ergue-se sobre a premissa de que o cliente é naturalmente criativo, engenhoso, integral e capaz de fazer as melhores escolhas em um relacionamento baseado na confiança. O coachee percebe que está diante de alguém (o coach), que acredita que ele pode fazer o que diz que fará, e que considera que ele pode ser a pessoa que diz que quer ser.

É paradoxal que o coach acredite integralmente em seu cliente e, ao mesmo tempo, faça que ele assuma a responsabilidade de prestar contas e seja transparente em relação ao processo. Mas com "responsabilização" não nos referimos a um contexto de julgamento, nem à obrigação de "dar provas". A responsabilização aplica-se apenas ao compromisso do cliente com a ação e o aprendizado. O coachee percebe que o coach está realmente do lado dele, respeitando sua visão e plano de ação, mas também sendo honesto e direto para defender sua agenda de interesses.

Falar a verdade

Nós também podemos chamar esse atributo do ambiente de coaching de "ser realista". Um espaço seguro e de coragem para a mudança deve ser, por definição, um lugar onde a verdade pode ser dita. É um espaço onde o cliente pode dizer toda a verdade sobre o que fez ou deixou de fazer sem se preocupar com o que o coach vai responder. É um ambiente sem julgamentos e um lugar em que o coach espera que a verdade seja dita pelo cliente porque a única consequência é o aprendizado, a descoberta e as novas possibilidades. O cliente espera que o coach lhe fale a verdade porque essa é exatamente a razão pela qual foi contratado. Com frequência, o cliente está tão próximo da própria realidade, tão amarrado em suas histórias e padrões habituais que, às vezes, é incapaz de ver a verdade com nitidez. Esse pode ser um dos motivos pelos quais procurou o coaching. Ele confia que o coach seja capaz de ver claramente através do caos e da neblina. Deve ser um relacionamento no qual o cliente conta com interações honestas e assertivas.

Dizer a verdade não é necessariamente gerar um confronto, embora, às vezes, possa haver enfrentamentos. A questão deve ser tratada com precisão e delicadeza, mas deve confrontar a aceitação tácita habitual das explicações do cliente. Dizer a verdade é uma atitude que se recusa a contornar ou negligenciar questões importantes: ao contrário, aponta enfaticamente quando o rei está nu. Não há julgamento inerente no ato de dizer a verdade. O coach apenas afirma o que está observando no comportamento do coachee. Sonegar a verdade não serve nem ao cliente e nem ao coaching. Um verdadeiro relacionamento não se constrói com a ideia de ser bom; desenvolve-se baseado na realidade. Quando o coach tem a coragem de dizer a verdade, o cliente recebe um modelo para a arte de ser assertivo. E, nesse processo, mais confiança é consolidada entre o coach e seu cliente.

Abertura e espaço

Uma das qualidades que fazem o relacionamento de coaching funcionar é um espaço em que o cliente possa respirar, experimentar, fantasiar e traçar estratégias sem limitações. É outro mundo, um lugar para sonhar de olhos abertos. Aquele é o espaço em que ele pode desabafar suas raivas, problemas, rancores e percepções de injustiça. É onde suas falhas são reconhecidas como uma forma de aprendizado, onde há poucas regras e nada é absoluto.

Para o coach, esse espaço também significa o completo desapego do curso das ações do cliente e dos resultados que ele já obteve. O coach continua a cuidar de seu coachee, de sua agenda de interesses, de seu bem-estar e desenvolvimento, mas não da trajetória que ele toma para chegar lá, da velocidade com que viaja e nem dos desvios que faz e que podem alongar o percurso – desde que o cliente siga na direção dos resultados pretendidos por ele mesmo. Em última instância, o coaching não se refere ao que o coach entrega, mas ao que seu cliente cria. O coach pode propor um plano de ação para um resultado desejado pelo cliente. Isso é bom. O brainstorming é parte do coaching e pode ser uma contribuição valiosa para o processo do cliente. Mas com o objetivo de preservar a abertura do relacionamento, o coach não deve se apegar ao fato de o coachee seguir, ou não, sua sugestão. O espaço do relacionamento requer que o cliente conte com muitos canais abertos para inspirar sua criatividade e não se limitar às boas ideias do coach – por mais experientes e fundamentadas que sejam. Dessa forma, o coachee será capaz de explorar a mais ampla gama de possibilidades.

A aliança estruturada

Até agora falamos sobre o relacionamento entre coach e coachee como se fosse conceitual. Na verdade, consideramos que é importante para os dois consciente e deliberadamente estruturar seu relacionamento de trabalho e continuar a redefini-lo durante o processo até sua conclusão. No modelo do Coaching Coativo (veja Figura 1, p 31.), a aliança estruturada circunda o coach e seu cliente, formando um "recipiente" no qual os dois trabalham.

Essa estrutura será diferente para coaches diferentes, mas exclusiva para cada relacionamento de coaching. A conversa que cria essa estrutura coloca foco nos pressupostos e expectativas do coach e do cliente. O objetivo dessa conversa é esclarecer o processo e os resultados esperados, oferecendo um fórum de negociação para a estruturação de um relacionamento que seja o mais poderoso possível para os dois.

Em outras palavras, a estrutura da aliança responde a questões como: "Quais são as condições necessárias para que nós dois trabalhemos juntos com eficiência?"; "Quais são os obstáculos ou os potenciais obstáculos?"; e "Que questões fundamentais devem ser respondidas para se obter o máximo desse processo?" E, conforme o coaching vai se desenvolvendo, haverá novas perguntas: "O que está funcionando e o que não está?"; "O que precisamos mudar para tornar o relacionamento de coaching mais eficiente e causar mais impacto?"

A primeira conversa sobre criar conscientemente um relacionamento de trabalho eficiente é só o começo. Manter a abertura e buscar novas formas de eficiência no trabalho conjunto é uma constante no relacionamento do Coaching Coativo. Por um lado, a força da capacidade do cliente de realizar mudanças em seu trabalho e em sua vida é uma medida do poder do relacionamento entre ele e seu coach. E o poder do relacionamento, por outro lado, é medido pelo comprometimento com uma aliança de abertura e destemor, capaz de evoluir ao longo do tempo.

O formato do coaching

Ao longo da década passada, o coaching, como prática e profissão, assumiu uma ampla gama de formas e suas técnicas e habilidades continuam a ser aplicadas de modo crescente nos mais variados ambientes. Atualmente, há coaches Coativos atuando como consultores em seus próprios escritórios ou dentro de instituições e empresas. É possível encontrá-los em celas de prisão ou nas salas de conselhos de administração. Alguns trabalham como funcionários em empresas, desempenhando outras funções, além do papel de coach. Outros combinam o coaching à atuação de consultores para oferecer apoio e acompanhamento à implementação de projetos. Muitos ainda trabalham individualmente com seus clientes particulares. Há aqueles que se especializaram no coaching de equipes e grupos, isto é, em pessoas que se inter-relacionam. O coaching hoje em dia é global e multicultural. Os coaches e seus coachees abrangem dezenas de categorias demográficas: idade, renda, educação, descendência étnica e posição hierárquica. Muitos profissionais especializaram-se ainda em uma determinada área, interesse ou dão foco no trabalho com CEOs, imigrantes ou expatriados, artistas e músicos ou com pais e seus filhos adolescentes.

O ambiente no qual o coaching acontece também é muito variado. Muitos coaches interagem com seus clientes por telefone, com cronograma e frequência semanal predefinidos. Outros preferem encontros face a face, seja no escritório do coach, do coachee ou em um terceiro local. Os contratos podem ser por um período fixo de tempo, como três, seis meses ou um ano. Alguns, porém, estabelecem um relacionamento com prazo aberto. As sessões podem ocorrer nas elegantes salas dos conselhos de administração, em casas de classe média ou em *resorts* nas montanhas.

A esses cenários, os coaches levam suas habilidades e técnicas, além de uma variedade de ferramentas de diagnóstico e instrumentos de avaliação. A ampliação do formato e dos ambientes continua inspirada na imaginação dos coaches e nos interesses de seus clientes. Ainda assim, não importa a forma assumida pelo coaching, nós acreditamos que é mais eficiente quando o coach e seu cliente conseguem criar um espaço de trabalho seguro e corajoso, definindo conscientemente uma aliança estruturada.

Para começar

Tipicamente, o coach inicia o relacionamento de trabalho com uma etapa que é, em parte, para orientar o cliente e, em parte, integrar o processo de descoberta. Essa fase fundamental familiariza o coachee com o coaching, oferece uma oportunidade para estabelecer a aliança estruturada e começa o trabalho de esclarecimento das questões e metas do cliente. Não há uma forma padronizada para essa etapa. Para alguns coaches, trata-se de uma breve entrevista ou de uma ou duas páginas com questões básicas, que devem ser respondidas na sessão inicial. Outros coaches utilizam várias sessões, aplicam ferramentas de avaliação de vários tipos e entrevistam os colegas de trabalho, funcionários e familiares do cliente. Ou esse processo de descoberta pode ser realizado em um espaço de retiro e descanso mental.

Nesse trabalho inicial, o cliente aprende o que esperar do coaching. É também a oportunidade para esclarecer quem ele é, aonde quer chegar, as forças que usará para chegar lá e os obstáculos que podem interferir.

Em geral, o coach aborda quatro áreas:

- Logística
- Você está aqui. Onde é aqui?
- Definição do futuro
- Orientação do coaching

Logística

Um dos primeiros e mais óbvios elementos do trabalho inicial é a comunicação e o acordo sobre as regras básicas e fundamentais do processo, além dos procedimentos administrativos. A definição de detalhes como o cronograma de sessões, a política de cancelamentos e a forma de pagamento (quando apropriado) é o início da caminhada, mas é também uma maneira de começar a criar um relacionamento. O cliente inicia o processo de estabelecer expectativas em relação ao coaching a partir da forma que o coach lida com essas questões administrativas. Como o coach "lida com os detalhes", especialmente nas questões que exigem um acordo, é o que dá o tom e gera um ambiente particular.

Você está aqui. Onde é aqui?

Essa fase da descoberta põe foco em onde o cliente está atualmente e em como foi que ele chegou até ali. É uma conversa sobre a situação atual, o que está em jogo, o que o motiva e o que representa um obstáculo. Nessa etapa devem ser discutidos os propósitos da vida ou missão, valores, princípios e crenças pessoais do cliente. Com frequência, o coach realiza uma avaliação geral do grau de satisfação do cliente em áreas significativas de sua vida utilizando ferramentas como a Roda da Vida (veja a Figura 3) ou uma versão criada especificamente para a situação do cliente (veja a Caixa de Ferramentas do Coach online em www.coactive.com/toolkit para mais informações sobre como aplicar esta ou outros instrumentos de descoberta).

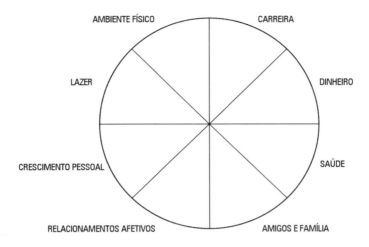

Figura 3 – A roda da vida

O coach e o cliente devem conversar sobre os desapontamentos e sucessos anteriores com o objetivo de entender o que funciona e o que não dá resultados, em quais questões há satisfação e a estratégia usada para lidar com obstáculos e desencaminhamentos das metas. Nessa fase, o coach começa o processo de realmente conhecer aquela pessoa, o cliente, de dentro para fora: os pontos luminosos, os escuros, os eficientes e os não tão eficientes assim.

O coach pode utilizar ferramentas de avaliação ou exercícios, mas o cerne do processo de descoberta está na obtenção de respostas muito simples para perguntas instigantes: "Em que ponto você quer fazer diferença na sua vida?", "O que você mais valoriza no seu relacionamento com os outros?", "O que funciona melhor para você quando consegue fazer mudanças bem-sucedidas?", "Em geral, em que ponto você costuma ficar paralisado?", "O que motiva você?", "Como você lida com desapontamentos e falhas?" e "Você costuma realizar aquilo a que se propõe?"

Essas respostas indicam claramente a estrutura do relacionamento de coaching mais eficiente. Por exemplo, a pergunta "Em geral, em que ponto você costuma ficar paralisado?" leva a uma próxima pergunta lógica: "Como você gostaria que eu reagisse, como seu coach, quando você ficar paralisado?" Nesse intercâmbio, o cliente vivencia e contribui para a estruturação da aliança.

Traçando o futuro

Uma terceira área nesse trabalho inicial envolve os resultados e desejos que o cliente traz para o coaching. O foco aqui é fazer o cliente descrever o que ele quer mudar ou o que pretende conquistar. A maioria traz uma ou duas áreas básicas de foco. As chances de sucesso são melhores quando o cliente consegue se concentrar em um ou dois pontos-chave de mudança, portanto, uma parte dessa conversa inicial objetiva clarificar essas áreas. Esses resultados futuros serão em decorrência das metas alcançadas, do atendimento aos compromissos, da mudança de hábitos e da conquista de uma visão atraente da vida. A conversa inicial também explora quem o cliente pretende ser para criar esse novo futuro.

Metas e resultados desejados. O cliente traz seu desejo de mudança para o coaching. O resultado que tem em mente pode estar vagamente definido ou bem límpido, mas, nos dois casos, o cliente ainda não foi capaz de conquistar as metas pretendidas. Os resultados desejados podem ser uma meta bastante específica ou um direcionamento para o bem-estar como "estar equilibrado", "conviver bem com uma doença crônica" ou "obter mais satisfação com o trabalho". Parte desse processo inicial é dedicada à clarificação dos resultados e, em muitos casos, envolve o refinamento dos desejos expressos em metas específicas: O que acontecerá? Em que prazo? Como o cliente saberá que alcançou o resultado que queria? O coach e o cliente trabalham juntos para clarificar as metas e as estratégias para conquistá-las. Tão importante quanto alcançar as metas é colocar novas práticas em ação. Eliminar os hábitos prejudiciais enquanto implementa novas práticas vigorosas é outro foco importante do processo de coaching.

Visão atraente. Nós podemos começar a caminhar pressionados pelos prazos, expectativas e listas das atividades por realizar. Podemos ser também compelidos pelo desejo financeiro, pelo comprometimento ou pelas promessas que fizemos. Ou podemos entrar na estrada levados pela força gravitacional de uma visão atraente, como a água que escorre montanha abaixo. É possível sentir a diferença entre essas duas forças: de um lado, ser pressionado ou compelido; de outro, ser atraído irresistivelmente. A descoberta do que nos coloca a caminho tem a força de superar os limites da letargia e do medo. Encontrar a visão atraente do futuro faz toda meta, ação ou resultado ganhar uma nova energia. Um elemento importante do trabalho inicial de descoberta com o cliente é revelar ou iluminar essa visão.

Quem você precisa ser. A definição clássica de "louco" é continuar a agir do mesmo jeito e esperar resultados diferentes. A verdade é que se nada muda, nada muda. Com frequência, um novo resultado externo deriva da criação de algo novo no interior. Para conquistar os resultados pretendidos, é muito provável que o cliente tenha que mudar atitudes, paradigmas ou crenças subjacentes. O início de um relacionamento de coaching é o momento ideal para desnudar as camadas acumuladas sobre a identidade e os velhos papéis para revelar a autêntica pessoa interior.

Orientação para o coaching

Outro resultado desse processo inicial fundamental é orientar o cliente para o coaching. Mesmo que ele já tenha feito coaching antes, essa pode ser a oportunidade para falar sobre seus pressupostos e preocupações, e compartilhar abertamente expectativas com o trabalho e o relacionamento entre coach e coachee. Dessa forma, o coach e o cliente assumem uma posição em favor do relacionamento de coaching. Uma conversa clara e assertiva ajuda a consolidar um espaço franco e irrestrito e, portanto, o alicerce Coativo.

Homeostase

Parte da orientação para o coaching tem que incluir algumas palavras sobre a homeostase, a resistência natural e frequentemente inconsciente à mudança. "Velhos hábitos são difíceis de matar", como afirma o ditado. O mesmo vale para as velhas crenças e as velhas formas de se relacionar com os outros. Em especial, no meio do caminho, quando o velho comportamento foi desfeito, mas o novo ainda não está incorporado, há um forte apelo ao familiar, ao conhecido, mesmo que nunca tenha apresentado os resultados pretendidos pelo cliente. A mudança exige investimento de energia e a continuidade do processo requer força de sustentação. Algumas mudanças serão fáceis; outras nem tão fáceis assim. Sempre haverá a tendência ou, pelo menos, a tentação de retroceder. É melhor que o cliente esteja consciente e preparado para isso; assim, quando a tentação aparecer, ele não se sentirá como se estivesse fracassando. A homeostase, a tendência natural para manter tudo como estava antes, também é parte inerente do sistema. Todo indivíduo – seja um cliente particular ou um treinado em um ambiente organizacional – vive em um sistema que por si mesmo contribui para a resistência à mudança. De novo: a consciência da força do sistema pode ajudar o cliente a avançar no processo de mudança.

E, finalmente, há uma contrarreação específica à mudança que surge com bastante frequência no cliente, que podemos chamar de "a queda". Para o coach que trabalha semanalmente com os coachees, em geral, isso ocorre entre a terceira e a oitava semana; seja porque a mudança não está acontecendo na velocidade esperada ou porque a euforia inicial do compromisso arrefeceu. O cliente se dá conta de que falar sobre a ação é muito diferente de realmente realizá-la. Muitos coaches começam um cronograma comprometido com três meses de trabalho para ajudar os coachees a superar a fase de "queda".

O grande cenário

É preciso haver comprometimento no trabalho de coaching: o compromisso do cliente é explorar, mudar, aprender, assumir riscos; comprometer-se em perseverar mesmo nas dificuldades; estar disposto a investir tempo e energia. O cliente precisa querer ir além da zona de conforto e entrar no desconhecido em favor da mudança. Sem esse comprometimento, o coaching fica à deriva e se transforma em muita conversa e listas de atividades que nunca são realizadas. Felizmente, a maioria dos clientes está energizada e bem disposta no início. Esse é o momento perfeito para que esclareça e declare seu comprometimento.

Por sua vez, o coach precisa ser claro a respeito de seu comprometimento com o cliente. É seu compromisso mergulhar profunda e corajosamente e escutar conscientemente as palavras ditas e as não ditas. Nesse nível de comprometimento, o coaching pode ser estimulante e inspirador. Não será trivial. O coach comprometido com as metas e com o cliente está disposto a desafiar, incitar, motivar, encorajar e, de vez em quando, insistir para que o outro assuma a responsabilidade do processo. Esse é o pilar "Evocar a Transformação" em ação. Quando o coach traz 100% de seus esforços e *expertise* e os combina com o comprometimento do cliente, o relacionamento dos dois é verdadeiramente Coativo. Esse comprometimento mútuo e a aliança estruturada entre coach e coachee criam o espaço seguro e corajoso onde o cliente pode realizar um dos trabalhos mais importantes de sua vida.

Parte 2

Contextos do Coaching Coativo

Uma das maneiras mais fáceis de ver e compreender a aplicação das habilidades de coaching é abordá-las em cinco contextos:

- Escuta
- Intuição
- Curiosidade
- Endereçamento e aprofundamento
- Gerenciamento do ego

Os cinco capítulos seguintes apresentam explicações detalhadas sobre esses contextos, assim como as definições das habilidades específicas de coaching. Cada capítulo também contém alguns diálogos ilustrativos das habilidades de coaching em ação juntamente com um conjunto de exercícios, que você poderá usar para desenvolver suas competências.

Capítulo 3

Escuta

Ser ouvido é uma experiência notável, em parte porque é bem rara. Quando a outra pessoa está integralmente com você – inclinando-se para frente, interessado em cada palavra e disposto a sentir empatia – a sensação é de ser conhecido e compreendido. As pessoas se abrem quando sabem que estão sendo realmente ouvidas; elas se expandem; assumem uma presença mais ampla. Também se sentem seguras e protegidas, o que faz a confiança crescer. É por isso que a escuta é tão importante no coaching e é a razão de ser esse o primeiro dos cinco contextos que abordaremos.

A escuta é um talento que cada um de nós possui em alguma medida. As pessoas que se tornam coaches, em geral, são ouvintes talentosos desde o início. Mas a escuta também é uma habilidade que as pessoas podem aprender e desenvolver com treinamento. Os coaches mais exímios partem de seu grande talento e o elevam a um alto grau de proficiência. De fato, eles aplicam seu talento com a mesma graça inconsciente dos atletas em uma competição ou dos músicos em um recital.

A maioria das pessoas não costuma ouvir em um nível muito profundo. As ocupações diárias e as preocupações não exigem mais do que um grau mínimo de escuta – assim como a maioria de nós jamais atinge um nível superior de preparação física. Não precisamos dos músculos porque não somos atletas de alto desempenho. Nas conversas cotidianas, ouvimos principalmente as palavras. O foco é o que você disse e o que eu disse. Pense em todas as discussões em que o ponto crucial da disputa estava precisamente nas palavras usadas: "Não foi isso que você disse."

"Mas foi isso que eu quis dizer." "Mas não foi isso que você disse." Ou ouvimos as palavras e, então, nos desconectamos da conversa para processá-las internamente. Começamos a pensar a respeito do que diremos a seguir. Buscamos uma história comparável – ou alguma que seja ainda um pouco mais dramática: "Se você achou isso assustador, deixe-me contar daquela vez em que eu..." Somos capturados por nossos próprios sentimentos, tomamos a questão pessoalmente, ouvimos em um nível superficial enquanto avaliamos e julgamos o que a outra pessoa está dizendo.

A ausência da verdadeira escuta é especialmente prevalente no trabalho. Sob a pressão de ver a tarefa realizada, ouvimos o mínimo necessário para podermos seguir para a próxima luta que precisa ser travada. A consequência: não é à toa que as pessoas se sentem meras peças de uma máquina giratória e não seres humanos. Não há dúvida também de que o "engajamento dos funcionários" é uma questão séria na maioria das organizações atuais. Todo mundo está falando, ninguém está ouvindo.

A maioria de nós diria que nossos amigos são, em geral, bons ouvintes porque estão dispostos a suspender seu julgamento e, vez ou outra, mostram-se capazes até de ficar quietos e ouvir nossas histórias. Ainda assim, com bastante frequência, quando queremos justamente ser apenas ouvidos, nossa família, amigos ou colegas de trabalho – com a melhor das intenções – querem resolver o problema ou tomar conta de nossos sentimentos. O coaching eficiente – seja você um coach certificado ou o gestor de um funcionário – exige a escuta atenta, sintonizada e prestativa. Os melhores ouvintes sabem como maximizar a interação de escuta. "Interação" também é a melhor palavra aqui porque a escuta não é apenas ouvir passivamente. Há ação na escuta.

Consciência e impacto

Há dois aspectos da escuta no coaching. Um é a consciência. Nós recebemos informações a partir do que entra em nossos ouvidos, claro, mas também ouvimos com todos os sentidos e com nossa intuição. Nós ouvimos, vemos e vivenciamos sons, palavras, imagens, sentimentos e energia. Estamos atentos a todas as informações recebidas por nossos sentidos. Somos receptores multifacetados com diversos canais de entrada e todos eles recebem informações: observamos a respiração da pessoa do outro lado da linha telefônica, o ritmo da fala, a modulação da voz. Sentimos a pressão por trás das palavras – a voz pode ser suave ou aguda, hesitante ou raivosa. Ouvimos não somente a pessoa, mas, simultaneamente, tudo mais que acontece no ambiente. Quando estamos face a face, vemos ainda a linguagem corporal. Mas, por telefone, também percebemos as emoções e imaginamos a mandíbula apertada ou a cabeça caída de tristeza. Tudo isso é informação. Nós estamos atentos.

 O segundo aspecto é o que fazemos com o que ouvimos. Isso é o impacto da nossa escuta sobre os outros – mais especificamente, o impacto da escuta do coach sobre o cliente. Sendo um coach experiente, precisamos estar conscientes não apenas do que estamos ouvindo, mas também do impacto que temos ao agir com base nas informações recebidas. Na maior parte do tempo, essa consciência ocorre bem abaixo da superfície enquanto sua atenção ainda está focada na outra pessoa.

 Imagine o seguinte: você está em um jogo de esgrima. Toda sua atenção está concentrada no adversário, enquanto você instantaneamente faz escolhas, responde, desvia e reage. Sua atenção não está nas escolhas que faz – isso quebraria sua concentração com resultados desastrosos. Assim que o jogo termina, você pode recapitular a ação e rever as escolhas feitas. Quando você escuta dessa forma, você não pensa no que assimila ou no que vai fazer com sua atenção. Sua escuta é, ao mesmo tempo, hiperconsciente e inconsciente.

 No entanto, o que você faz com sua atenção e com as escolhas que faz tem um impacto. Por exemplo, imagine que você está em uma sala cheia de gente e sente no ar cheiro de fumaça. Pode ser um incêndio. Sua atenção foca na fumaça. Você observa. Esse é o primeiro aspecto da consciência. Então, você decide o que fazer com essa informação. Você pode gritar "Fogo!" ou mencionar o fato casualmente ao anfitrião. Pode agarrar um extintor e abrir caminho no meio da multidão para heroicamente combater as chamas ou sair discretamente pela porta. Cada uma dessas escolhas terá um impacto diferente. Haverá diferentes consequências, dependendo do que você faz com sua consciência do fato.

Com certeza, a escuta não é passiva, especialmente no relacionamento de coaching. Em nosso modelo, descrevemos três níveis de escuta, que oferecem ao coach uma ampla gama de informações e, em última instância, a habilidade de ouvir em um nível realmente profundo.

Nível 1 – Escuta interna

No Nível 1, nossa consciência está em nós mesmos. Ouvimos as palavras ditas pela outra pessoa, mas nossa atenção está no que aquilo significa pessoalmente para nós. No Nível 1, o holofote está "em mim": meus pensamentos, meus julgamentos, meus sentimentos, minhas conclusões a respeito de mim e dos outros. O que quer que esteja ocorrendo com a pessoa entra em nós por um diodo: um dispositivo de energia de mão única, que deixa a informação entrar, mas não sair. Estamos absorvendo informação ao ouvir, mas mantemos tudo internamente para reciclar. No Nível 1, a única pergunta é: "O que isso quer dizer para mim?"

Muitas vezes isso pode ser totalmente adequado. Ao viajar sozinho para uma cidade diferente, é provável que você opere a maior parte do tempo no Nível 1. Quando chega ao aeroporto, pensa sobre o lugar certo para fazer o *check-in*, verifica se lembrou de trazer a carteira de identidade, quanto tempo falta para o voo, pensa que detesta voar, lembra sua opinião sobre a comida do avião e coloca toda a atenção na pessoa sentada atrás que não para de chutar sua poltrona. Toda sua atenção está focada em você mesmo, como não poderia deixar de ser. Outra indicação de que está operando no Nível 1 é o forte desejo por mais informação. Você quer respostas, explicações, detalhes, dados. A conversa interior pode ser parecida com a seguinte: "O voo está atrasado? Eu vou me atrasar. Quando partimos? Quando vamos comer? Como posso avisar os outros de que vou me atrasar? Há outro voo? Trouxe bastante coisa para ler?" O propósito de juntar informações no Nível 1 é atender às suas necessidades.

Outra situação típica do Nível 1 ocorre nos restaurantes. Sua consciência está autocentrada, e o impacto da escuta de Nível 1 recai totalmente sobre você mesmo. As consequências afetam seu prazer, sua saúde, satisfação e carteira de dinheiro: "Quero uma bebida antes de pedir a refeição? Quais são as sugestões do dia? A cadeira é confortável? Há ventilação? Estou muito perto da cozinha? Como são os preços? Posso pagar a refeição aqui?" Você está consciente de seus pensamentos e sentimentos. As decisões, escolhas e julgamentos que faz são todos autorreferentes. Adora, por exemplo, certos tipos de peixes – mas não quando eles servem o peixe inteiro com aqueles olhos mortos esbranquiçados observando você do prato. Como pensa que quer emagrecer, pede um molho de baixas calorias à parte. Sua tagarelice interna está no auge aqui. Mesmo quando você se senta no restaurante diante da pessoa por quem está perdidamente apaixonado, sua atenção permanece no Nível 1 até que tenha pedido a refeição.

O Nível 1 nos informa sobre nós mesmos e sobre o que está acontecendo ao nosso redor. É o ponto em que notamos e compreendemos a realidade factual, algo muito importante. O cliente precisa estar no Nível 1. Essa é a tarefa dele: olhar para si mesmo e para a própria vida – processar, pensar, sentir e compreender. Porém, definitivamente, não é apropriado para o coach operar nesse nível autoabsorto por nenhum período de tempo. Como qualquer ser humano, o coach terá momentos em que, naturalmente, perderá o foco no cliente e estará operando no Nível 1. O que ele deve praticar é a retomada da conexão com o cliente nos Níveis 2 ou 3 o mais depressa possível.

Diálogo de Nível 1

Cliente: A casa nova está uma confusão. Tenho caixas espalhadas por toda parte. Mal posso chegar da porta de entrada até o banheiro e tenho a maior proposta da minha carreira para terminar até sexta-feira.

COACH: Passei pela mesma situação no ano passado. A chave é ter certeza de não perder de vista sua perspectiva de longo prazo.

Cliente: Ainda parece um dilema. Como viajei muito no mês passado, a paciência da minha esposa esgotou-se. Eu realmente não estou dando atenção à nossa casa.

COACH: Vai dar tudo certo. A confusão é temporária. Não deixe que isso distraia você da verdadeira questão – manter a energia.

Cliente: Tudo isso parece mais do que uma pequena distração.

COACH: Tenho certeza de que você pode explicar porque isso tudo é tão importante. Mas, enquanto isso, vamos voltar à proposta que você precisa terminar.

Cliente: Está bem. Se você tem certeza...

Claramente, o coach está ouvindo no Nível 1 – prestando atenção aos seus próprios julgamentos e opiniões e dirigindo as escolhas a partir de sua própria agenda de interesses. O ponto principal nesse exemplo não é se o curso da ação é correto para o cliente, mas onde o coach está focando sua atenção. Nesse caso, a atenção do coach está focada no problema e na solução preferida por ele e não no dilema do cliente.

Nível 2 – Escuta focada

No Nível 2, há foco concentrado na outra pessoa. De vez em quando, é possível observar isso na postura das duas pessoas: ambas estão inclinadas para frente e se olham atentamente. Há um alto grau de atenção na outra pessoa e pouca consciência do que acontece no mundo exterior.

Vamos voltar à cena do restaurante com nossos dois apaixonados. O jantar foi pedido e os cardápios devolvidos ao garçom. Agora, os olhos deles estão focados um no outro e em nada mais. O desejo deles é estar tão perto um do outro que se tornam um só. Estão tão esquecidos do mundo exterior que essa cena de completo isolamento romântico tornou-se uma caricatura nos comerciais. É como se os dois vivessem em uma única bolha.

Como coach, quando você ouve no Nível 2, sua atenção está totalmente focada no cliente. Você ouve as palavras dele, suas expressões, emoções, tudo o que ele traz para a interação. Observa o que diz e como diz. E percebe também o que ele não diz. Vê o sorriso ou escuta as lágrimas de sua voz. Você ouve o que ele valoriza, escuta a visão dele e a sua forma exclusiva de olhar para o mundo. Observa o que o torna vigoroso na sessão de coaching ou o que faz com que se sinta mortalmente derrotado.

A energia e a informação vêm do cliente. São processadas pelo coach e devolvidas ao relacionamento. No Nível 2, o impacto da consciência é sobre o cliente. O coach é como um espelho perfeito que não absorve nada da luz; o que vem do cliente retorna. No Nível 2, o coach está constantemente alerta para o impacto de sua escuta sobre o cliente – não constantemente monitorando o impacto, mas alerta.

A escuta do Nível 2 é o lugar da empatia, esclarecimento e da colaboração. É como se houvesse uma conexão por fio entre o coach e o cliente. Nesse nível, o coach está desapegado de seu ego, de sua agenda de interesses, de seus pensamentos e opiniões. No Nível 2, o coach está tão focado no cliente que o tagarela interno literalmente desaparece, e o coaching se torna quase espontâneo. Como coach, você não tenta mais descobrir qual será seu próximo movimento. Na verdade, se sua atenção está concentrada no que dizer a seguir – que pergunta brilhante fazer ao cliente – isso é sinal de que está ouvindo no Nível 1, isto é, limitado à sua própria experiência.

No Nível 2, o coach não somente ouve o cliente falar, mas também tudo o que chega na forma de informação – o tom, o ritmo e os sentimentos expressos. Você escolhe o que e como responder. Então, observa o impacto de sua resposta no coachee e assimila essa informação também. É, portanto, como se você escutasse duas vezes antes de o cliente responder de novo. Você ouve a fala inicial do cliente e ouve a reação do cliente à sua resposta. Você recebe informação dupla. Isso é a escuta no Nível 2.

Ao descrever a escuta no Nível 2, nossa tendência é utilizar ilustrações da interação de um coach e seu cliente, mas essa habilidade se refere ao foco da atenção. Para os coaches que trabalham com parceiros, casais e até mesmo equipes, é inteiramente possível ouvir mais de um indivíduo mantendo-se no Nível 2.

Diálogo de Nível 2

Cliente: A casa está uma confusão. Tenho caixas espalhadas por toda parte. Mal posso chegar da porta de entrada até o banheiro e tenho a maior proposta da minha carreira para terminar até sexta-feira.

COACH: Qual é a importância de estar tudo arrumado em casa? Esse é o momento mais produtivo que você teve no seu negócio desde que começou.

Cliente: Sei, mas se não ajudar com a mudança, posso estar morando sozinho em breve, se é que você me entende. Minha esposa embrulhou tudo praticamente sozinha no mês passado enquanto eu estava viajando.

COACH: Como você poderia lidar com a situação em casa e ainda manter a energia no seu novo negócio?

Cliente: Eu poderia me clonar.

COACH: Vejo que é um dilema real. Você tem valores para atender em mais de uma área importante de sua vida. Vamos pensar em algumas opções. Seria útil?

Cliente: Ah, vai ser bom. Francamente, estava começando a me sentir numa armadilha – como se não houvesse saída.

Aqui o coach ouviu no Nível 2 – seguindo a condução do cliente, escutando e observando ativamente.

Nível 3 – Escuta integral

No Nível 3, você escuta o cliente como se estivessem no centro do universo, recebendo informações de todos os lugares ao mesmo tempo. Portanto, é como se vocês estivessem cercados por um campo de força que contém os dois e o ambiente de informação. O Nível 3 inclui tudo o que você observa com seus sentidos: o que vê, ouve, cheira e sente – o tato tanto quanto as sensações emocionais. O Nível 3 inclui a ação, a inação e a interação.

Se no Nível 2 a conexão é com fio, então, no Nível 3, há uma transmissão de rádio. As ondas do rádio são inteiramente invisíveis, mesmo assim, acreditamos que elas existem porque ouvimos a música no aparelho. Na escuta de Nível 3, estamos ouvindo as ondas de rádio. Elas entram por nossas antenas e se transformam em informações que podemos usar. Mas é preciso um receptor especial para captar o Nível 3, e a maioria das pessoas tem que praticar porque não está habituada a aplicar esse grau de atenção como faz o coach. Para muitas pessoas, esse é um novo universo da escuta.

Um dos benefícios de aprender a escutar no Nível 3 é ampliar o acesso à intuição. Com essa habilidade, você recebe informações que não são diretamente observáveis e as utiliza como se fossem palavras saídas da boca do cliente. No Nível 3, a intuição é simplesmente mais informação. Como coach, você assimila e responde. Então, verifica o impacto. Como sua resposta foi recebida? O que você observou?

A atenção de Nível 3 também é descrita como "escuta ambiental". Você nota a temperatura, o grau de energia, a luminosidade ou a escuridão, falando ao mesmo tempo literal e figurativamente. A energia do cliente está faiscante ou monótona? Ele está bem, agradavelmente presente ou fortemente sob controle?

Você saberá pela escuta de Nível 3. Você aprenderá a confiar nos sentidos e sempre haverá a chance de simplesmente perguntar: "Sinto que você está desconfortável. Você está? Do que se trata?" Os artistas desenvolvem bastante a escuta de Nível 3. Os comediantes de *stand-up*, músicos, atores e apresentadores de treinamento – todos têm a habilidade de "ler" instantaneamente uma sala e monitorar como o clima muda em resposta ao que fazem. Esse é um ótimo exemplo de observação do próprio impacto. O indivíduo bem-sucedido na competência de influenciar pessoas é habilidoso com a escuta de Nível 3. Eles conseguem perceber com eficiência o impacto que causam e ajustam seu comportamento.

Para ouvir no Nível 3, você tem que estar bem aberto e suavemente focado, sensível aos estímulos sutis, pronto para receber informações de todos os sentidos – da sua própria esfera, do mundo ao seu redor e do mundo ao redor do cliente. O ambiente por si mesmo está lhe oferecendo informações que você pode utilizar no coaching, até mesmo quando não consegue articular instantaneamente o que está sentindo. De vez em quando, o ambiente está gritando; às vezes, apenas sussurra.

Diálogo de Nível 3

Cliente: A casa está uma confusão. Tenho caixas espalhadas por toda parte. Mal posso chegar da porta de entrada até o banheiro e tenho a maior proposta da minha carreira para terminar até sexta-feira.

COACH: Qual é a importância de estar tudo arrumado em casa? Esse é o momento mais produtivo que você teve no seu negócio desde que começou.

Cliente: Sei, mas se não ajudar com a mudança, posso estar morando sozinho em breve, se é que você me entende. Minha esposa embrulhou tudo praticamente sozinha no mês passado enquanto eu estava viajando.

COACH: Isso parece ser mais importante do que apenas algumas caixas para abrir e arrumar. Sinto que você está tão empacotado e apertado quanto as caixas da mudança.

Cliente: É tão óbvio assim?

COACH: Você apenas não parece o Steve com quem tenho conversado. Você parece preso em uma armadilha.

Cliente: É exatamente como parece – e sem escapatória. Encurralado. No meu relacionamento e no meu trabalho.

COACH: O que você quer fazer em relação a isso?

Cliente: Tenho tentado passar por cima disso ou superar, mas parece que não está funcionando. Acho que está na hora de sentar e trabalhar – desempacotar tudo, por assim dizer.

Nesse caso, a interação está em sintonia no Nível 3: as nuances do espaço entre coach e cliente, além das palavras, incluem toda a energia e emoção do que foi falado e do que não foi falado. Observe que nas amostras de diálogo, nós elaboramos a conversa para ilustrar as diferenças entre os três níveis. Em uma sessão verdadeira de coaching, com certeza, o coach se desloca constantemente entre os níveis 2 e 3 – e, quando escapam para a sintonia de Nível 1, retomam a conexão o mais depressa possível.

O coach está ouvindo

Tudo no coaching depende da escuta – especialmente, ouvir com o plano e o propósito do cliente em mente: o cliente está mantendo sua visão? Está vivenciando seus valores? Em que ponto ele está hoje? O coach busca escutar os sinais de vida, as escolhas que estão sendo feitas e como elas conduzem ou afastam do equilíbrio pretendido. O coach também procura escutar a resistência e a turbulência no processo. A escuta é o ponto de partida de todo o coaching. Em certo sentido, todos os demais contextos dependem da escuta nos níveis 2 e 3. Portanto, a escuta é o portão de entrada por onde passa todo o processo de coaching.

Enquanto ouve, o coach faz escolhas que mudam a direção e o foco do coaching. É isso o que denominamos de "impacto" da escuta. Uma das expressões desse impacto é a sua escolha espontânea de qual habilidade de coaching aplicar a seguir.

Habilidades de coaching

As habilidades de coaching que veremos a seguir são geralmente associadas ao contexto da escuta. Com certeza, a escuta eficiente é pré-requisito para a aplicação de todas as competências de coaching. Para essa seção, selecionamos as habilidades que parecem particularmente apropriadas como resposta a situações de escuta.

Articulação

Essa habilidade também é conhecida por um nome mais longo: "Articulação do que está acontecendo". Com sua habilidade de escuta completamente engajada nos níveis 2 e 3, você tem um sólido sentido de consciência e tem um cenário do que está acontecendo com o cliente naquele exato momento. Quando combina a percepção do que está ocorrendo agora com o que conhece sobre o cliente, você dispõe de uma enorme quantidade de informação. A articulação é a capacidade de descrever sucintamente o que está acontecendo. Com frequência, o cliente não consegue ver por si mesmo o que está fazendo ou dizendo. Ou talvez ele possa ver os detalhes, mas não o grande cenário. Com essa habilidade, você compartilha suas observações o mais claramente possível, mas sem julgar. Diz ao cliente o que você o vê fazer. Às vezes, a articulação assume a forma de uma verdade difícil e pode haver confronto: "Vejo que você continua a passar as noites e os finais de semana longe de sua família. Você disse no passado que sua família é uma alta prioridade, mas esse trabalho além do horário parece inconsistente com esse compromisso. O que está havendo?" Não desviar da confusão à frente na estrada é uma das formas de vivenciar seu compromisso de coach. A articulação – como apontar a confusão – é parte da tarefa do coach. Arrumar a confusão é uma atividade reservada ao cliente.

A articulação é uma competência que ajuda o cliente a ligar os pontos e ver o grande cenário que cria com suas ações e, às vezes, com a falta de ação. Enquanto coach, você tem a responsabilidade de articular o que vê, mas, ao mesmo tempo, como em todas as demais habilidades de coaching, não se sentir preso à necessidade de estar certo. Essa capacidade de dizer enfaticamente o que vê sem precisar estar correto abre bastante espaço para contrapropostas e interpretações diferentes – o que é chave para a natureza coativa da própria habilidade. Como o coach está fora da pressão ou da necessidade de estar certo, há grande liberdade de verbalizar o que parece ser real – e é um grande benefício para o cliente ouvir a expressão dessa articulação.

Exemplo de diálogo

Coachee: ... então, foi por isso que eu pensei nesse plano alternativo. Acho que é uma possibilidade razoável. Acredito que atenda ao prazo que eles estabeleceram.

COACH: Posso lhe falar como isso soa daqui do outro lado da linha?

Coachee: Claro. Você vê uma falha em algum ponto?

COACH: Realmente, não. Estou certo de que o plano é bom. O que vejo, porém, é o padrão antigo de acomodar as demandas das outras pessoas, mesmo que sejam pouco razoáveis e tenham um alto custo pessoal para você. Essa era uma das questões que você disse que queria mudar. Parece um retrocesso.

Esclarecimento

Muitas pessoas têm a tendência de operar a partir de pensamentos vagos ou incompletos e sentimentos não resolvidos. O que ocorre é que podemos chegar ou tirar conclusões a partir de informações mal delineadas. O cliente pode divagar ou ficar preso nas próprias histórias. Talvez fique tateando na neblina, tentando encontrar a saída. Fica paralisado entre a confusão de ideias e os velhos padrões de enxergar o mundo. Pode ser que esteja lendo um mapa antigo. O coach serve justamente como o recurso para ajudar o coachee a obter mais clareza.

A habilidade de esclarecer é uma combinação de escuta, questionamento e reenquadramento. De vez em quando, basta simplesmente testar novas perspectivas: "Eis o que estou ouvindo..." "É isso mesmo?" "Parece que você está buscando por..." O esclarecimento conduz a imagem para um foco mais preciso, adiciona detalhes e a mantém vívida para verificação. E, então, o cliente pode dizer: "Sim, é isso!" É uma maneira de afastar a neblina e voltar à trajetória pretendida.

Exemplo de diálogo

Cliente: ... a menos que ele decida ir para Nova York. Nesse caso, ficarei por aqui, pelo menos, por mais algum tempo.

COACH: Parece que há duas decisões separadas para você tomar, talvez três, mas todas dependem mais do que ele faz do que daquilo que você quer. Me dê uma ajuda aqui.

Cliente: Parece que estou esperando que ele aja antes de tomar a minha decisão.

COACH: E parece que você precisa decidir: (a) se, por fim, você quer esse emprego; (b) se vale a pena desenraizar sua vida por esse emprego; e, então, talvez (c) se o relacionamento de vocês é sustentável. Ou algo assim.

Cliente: Na verdade, sustentável em que condições? Está bem, eu tenho trabalho a fazer aqui.

Metavisão

Suba bem alto naquele helicóptero imaginário com seu cliente e olhem para baixo para visualizar em ampla perspectiva a vida dele. Essa é a habilidade de metavisão. É especialmente útil quando o cliente está tão preso à rotina que só consegue enxergar dois palmos de confusão diante dos olhos. A metavisão apresenta o grande cenário e abre a perspectiva. O coach deve perguntar: "O que você vê daqui de cima? Qual é a realidade que você vê desse ponto de vista privilegiado que não consegue enxergar lá embaixo?" A metavisão reconecta o cliente à visão de si mesmo e de uma vida gratificante. Quando está lutando no pé da montanha, olha para cima e vê todo o insano trabalho a ser realizado. Nesse caso, a metavisão possibilita sobrevoar a situação e conquistar uma nova perspectiva.

Outra maneira de obter a metavisão é pensar em uma plataforma elevada – um lugar bem alto onde o coach se posiciona para analisar a vida do cliente com todas as suas circunstâncias e questões. Desse ponto vantajoso de observação, o coach consegue ver mais do que o cliente. Na verdade, essa tarefa é do coach: manter a clareza da perspectiva e a visão do grande cenário. A metavisão possibilita que ele fale sem considerar os detalhes das conversas imediatas. Se o cliente estiver enfrentando problemas com um colega, por exemplo, o coach pode dizer: "Essa história lembra aquela conversa que você teve com seu ex-chefe e aquela outra situação com sua irmã. Existe um padrão aqui?" Outro exemplo pode ser o cliente que parece estar fazendo grandes esforços, mas que nunca chega a lugar algum. Nesse caso, o coach pode dizer: "Parece que você está se esforçando muito. O que você está conseguindo além de sofrimento?" Nessa última questão, a metavisão deriva de um patamar de observação ainda mais elevado, pois captura uma questão subjacente. A metavisão dá a visão panorâmica da jornada.

É uma maneira útil para colocar a situação dentro de um contexto, especialmente quando fica fácil afogar-se nos detalhes de um problema. Por exemplo, o coachee vem para uma sessão preocupado com a reação esperada diante da futura demissão de um membro de sua equipe. O coach pede que ele analise a situação a partir da metavisão – do ponto de vista da construção de uma cultura de trabalho – mais do que pondo foco em mágoas e preocupações. "Qual é o custo da empresa por não demitir aquela pessoa?" ou "Como aquela demissão afetará a comunicação e a confiança entre os colegas no longo prazo?"

Metáfora

A habilidade de utilizar metáforas possibilita trabalhar com a imaginação, ajudando o cliente a compreender melhor e mais depressa algumas questões. A pergunta "Você se sente navegando na neblina?" cria um quadro, uma vivência que engaja o cliente em um nível diferente do que a "Você está confuso?", que estimula apenas a racionalidade. O cliente pode imaginar a situação de navegar na neblina. Sabe como aquilo é e como a pessoa se sente. É uma vivência completa. A metáfora oferece imagens ricas para exploração e, caso não resulte em uma percepção precisa, o coach sempre poderá escolher outra.

Confirmação

A habilidade de confirmação fortalece o alicerce do cliente, que se posiciona mais solidamente. Essa habilidade refere-se a quem o cliente é. Os elogios e cumprimentos, ao contrário, dão ênfase ao que a pessoa faz: "Ótimo trabalho naquele relatório, Janet." Ou destacam a opinião da pessoa que elogia ou faz o cumprimento: "Sua apresentação foi consistente e inspiradora para mim." A confirmação reconhece o caráter interior da pessoa a quem se endereça. Mais do que aquilo feito ou o que significa, a confirmação enfatiza o que uma pessoa vê na outra: "Janet, você realmente demonstrou seu compromisso em aprender." Ou "Você assumiu um grande risco." Ou "Pode ver aqui o seu amor pela beleza." A confirmação sempre foca no valor dado pelo cliente àquela ação. O cliente valoriza a diversão: "Você tornou tudo isso realmente divertido para você. Parabéns! Sei que você arriscou para conseguir isso." Ou o cliente valoriza a honestidade: "Ótimo trabalho. Você assumiu a posição em favor da honestidade e da autenticidade. Não foi fácil."

A confirmação é quase um dos contextos do coaching. Em algum grau, o coach está sempre apoiando quem o cliente deve ser para conseguir realizar as mudanças que deseja. O cliente tem que ser corajoso ou estar disposto a enfrentar o medo ou precisa ter tenacidade em favor do relacionamento.

A habilidade da confirmação ajuda o coach a celebrar as forças internas do cliente. E ajuda-o a ver algo em si mesmo que não reconhece por excesso de humildade ou apenas porque simplesmente não consegue enxergar. Ao confirmar um ponto forte, você, como coach, oferece mais acesso a esse atributo ao cliente, que sabe reconhecer quando a confirmação é honesta e verdadeira. Ele poderá contar com mais recursos no futuro porque passa a enxergar a verdade que você iluminou.

A confirmação pode assumir outras formas: "Veja o que você foi capaz de dizer ao seu chefe. Avalie como evoluiu ao longo dos últimos quatro meses. Sua capacidade de ser claro e de pedir o que quer está muito mais forte agora. Você realmente demonstrou que pode enfrentar o medo e expressar sua verdade interior." A confirmação vai direto ao ponto em que o cliente está crescendo e se fortalecendo (e, quase sempre, sentindo necessidade de validação). Quando você confirma isso, está dando força para que ele continue a se desenvolver.

Na verdade, no Coaching Coativo, a confirmação se divide em duas partes. A primeira nós já abordamos: é a oferta da confirmação. A segunda é observar o impacto no cliente. Essa é a maneira de o coach verificar se a confirmação realmente acertou o alvo. Observe a reação do cliente. Pela escuta do Nível 3, você saberá se encontrou a descrição correta do que ele precisa ser naquela situação. Definitivamente, a confirmação será recebida de uma forma que você poderá ouvir, sentir e ver. É extremamente comovente – e raro – o cliente se sentir visto e compreendido nesse grau. Esse é a poder da confirmação.

Exemplo de diálogo

Coachee: Talvez eu devesse ter ficado com a boca fechada. Essa história só me causou problemas.

COACH: O que você fez foi assumir uma posição favorável ao tratar todo mundo bem o tempo todo. E você falou isso apesar de saber que teria um custo. É assim que você é.

Coachee: Obrigado. Talvez eu não ganhe o Prêmio de Popularidade naquela equipe, mas, pelo menos, eu durmo à noite com a consciência tranquila.

Exercícios

1. Escuta nos Níveis 1 e 2

O objetivo desse exercício é ouvir completamente no Nível 1 – ou seja, focar inteiramente em seus próprios pensamentos e opiniões. Para fazer esse exercício, peça para um amigo ou colega lhe dar mais ou menos meia hora para que possam praticar juntos o Nível 1 e o 2.

Nível 1

Descreva a escuta Nível 1 e peça ao seu colega para descrever uma viagem que ele tenha feito, incluindo histórias sobre o que deu certo e sobre o que deu errado. Enquanto seu colega vai lhe contando a história da viagem, sua tarefa é ouvir as palavras e interpretá-las inteiramente de acordo com suas próprias experiências. Faça comentários frequentes, oferecendo suas opiniões. Pense sobre como teria feito aquela viagem de modo diferente ou como poderia melhorar a história de seu colega. O que está acontecendo dentro de você enquanto a outra pessoa está falando? O que essa história faz você lembrar da sua própria vida?

Depois de uns quinze minutos (se vocês conseguirem ir tão longe), contem um ao outro como é ouvir no Nível 1 e como é ser ouvido no Nível 1.

Nível 2

Trabalhe com o mesmo colega – e a mesma história – por cerca de quinze minutos. Mas, dessa vez, sem descrever antes a escuta Nível 2, mostre-se curioso. Faça perguntas, esclareça e articule o que você vê. Fique atento aos valores de seu parceiro, enquanto vão sendo expressos na conversa. Mantenha-se completamente focado na outra pessoa, ouvindo e respondendo no Nível 2.

Contem um ao outro como foi ouvir e ser ouvido no Nível 2 de escuta. Quais foram as diferenças em relação ao Nível 1?

2. Escuta no Nível 3

Faça uma ou duas explorações de campo em locais onde possa praticar o Nível 3, como bibliotecas, *lobbies* de hotel, salas de espera para atendimento de emergências ou bares em aeroporto. Preste atenção na sua consciência de Nível 3. Repare como as pessoas estão se sentindo: bravas, frustradas, alegres, aborrecidas, em paz, ansiosas? O que mais você nota no ambiente? Qual é o astral do lugar? Observe onde está a energia e veja como ela se desloca com a chegada e a partida das pessoas. Escreva suas impressões. Então, tente ouvir no Nível 3 com seus olhos fechados. É diferente? O que você notou que não tinha percebido com os olhos abertos? Compare o ambiente de uma igreja com o de uma lanchonete. Quais são as diferenças quando você ouve no Nível 3?

Variação: faça um amigo entrar em uma sala claramente aborrecido e com raiva. Observe com o Nível 3 como as pessoas reagem. Ou faça dois amigos entrarem em uma sala, começando uma discussão rude em voz alta. Repare como a energia no Nível 3 muda.

3. Metavisão

A metavisão é o grande cenário, a perspectiva ampliada. É em parte um assunto, em parte uma declaração de posicionamento e, em outra ainda, uma visão. A seguir, estão alguns exemplos de metavisão:

- O início de uma nova vida;
- Estar em transição;
- Esforçar-se pela mudança;
- Estar à deriva no mar;
- Ação em alta velocidade;
- Revelação tranquila.

Qual é a metavisão em sua vida atual? Escreva o nome de dez amigos próximos ou familiares. Qual é a metavisão para cada um deles nesse momento?

4. Metáfora

Crie uma metáfora para cada uma dessas possíveis situações vivenciadas pelos clientes:

- Paralisado entre duas escolhas atraentes;
- Está para entrar em um novo período estimulante que trará muitos pontos desconhecidos;
- Depois de um longo período de inação, tudo acontece ao mesmo tempo;
- Ambiente de trabalho caótico;
- Dois novos relacionamentos românticos;
- Perda de dinheiro por causa de má gestão;
- Passar do sedentarismo ao excesso de exercício físico;
- Progredindo bem nos negócios até a interrupção;
- Sucesso;
- Tristeza;
- Uma série de acontecimentos desafiadores;
- Exaustão;
- Negação.

5. Confirmação

Faça uma lista com cinco amigos ou colegas de trabalho. Escreva uma confirmação para cada um do que ele é ou do que tem sido para chegar aonde está atualmente. Redija uma confirmação para você mesmo.

Capítulo 4

INTUIÇÃO

Talvez você já tenha vivenciado uma situação como essa: você está dirigindo por uma estrada no interior que não é muito bem sinalizada. Você chega a uma bifurcação e, instintivamente, pega para a direita, confiando no seu senso de direção. Ou, quem sabe, já lhe aconteceu o seguinte: você está jantando com um amigo. Tudo parece normal. A conversa flui como sempre. E, então, de repente, você pergunta: "O que está errado? Você precisa me contar algo?" Para você, simplesmente havia algo fora de sintonia. Pode ser uma sensação visceral. Talvez você tenha dado um telefonema inesperado ou enviado espontaneamente um cartão para um amigo. Não tem bem certeza por que fez aquilo até que mais tarde descobre que aquele gesto foi importante naquele momento por alguma razão. Algumas pessoas têm grandes palpites em relação a investimentos. Outras têm uma percepção da resposta para uma pergunta mesmo quando parece não fazer muito sentido. Elas costumam seguir seus instintos em relação a algumas situações porque o sentimento é muito mais forte do que as informações disponíveis.

Esses são exemplos da intuição em funcionamento a partir de informações não empíricas – geralmente, como resposta a uma pergunta falada ou não verbalizada. "Para que lado virar?", "O que está acontecendo com ela?", "Qual investimento escolher?", "Qual emprego combina mais comigo?", "Por que o coachee recuou na nossa conversa?" A intuição surge com a resposta.

Falar a partir de sua intuição é extremamente valioso no coaching. É tão importante quanto ouvir atenta e profundamente. Embora possa ser expressa em palavras, a experiência da intuição, às vezes, é difícil de explicar – o que também dificulta para que algumas pessoas a aceitem.

Para elas, o problema da intuição começa com a dificuldade de verificar o que é "real". De vez em quando, não há evidência observável para a conclusão. Às vezes, as conclusões tiradas da intuição são até contrárias ao que se observa. As pessoas que operam com base na intuição fazem afirmações do tipo: "Sei por que, em geral, minha intuição está certa em relação a esse assunto."

Quem tem dificuldade para acreditar na intuição frequentemente a encara como adivinhação ou sorte. São pessoas que não entendem, não confiam e não acreditam na intuição. Fatos que possam ser mensurados, registrados e verificados – é isso que frequentemente as pessoas querem quando estão tomando decisões. Com certeza, a maioria defende esse modelo e método de pesquisa científica. Outras vezes, as pessoas ficam tímidas em admitir que utilizaram a própria intuição. Até mesmo quem dispõe de muita intuição costuma relutar em usá-la ou admitir que a usou e, então, essa habilidade vai se atrofiando em nós. Isso é bastante negativo porque a intuição é um ativo poderoso no processo de coaching.

O universo conhecido versus o desconhecido

A maioria de nós acredita que o universo conhecido está ao alcance de nossas mãos. Está no nosso campo de visão, pode ser ouvido e fica acessível aos nossos cinco sentidos. Algo é conhecido quando os outros corroboram nossos sentidos e apresentam informações iguais. A intuição, no entanto, não é diretamente observável – embora, de vez em quando, seus efeitos sejam. É por isso que ela, às vezes, é chamada de "sexto sentido". É uma sensibilidade que vai além do mundo físico.

Suponha que alguém lhe diga: "Vai chover hoje." E você pergunta: "Como você sabe?" As respostas podem ser:

Eu ouvi a previsão do tempo no rádio.

O céu estava acizentado pela manhã.

O indicador do barômetro na parede está caindo depressa desde cedo.

O vento está soprando do leste e as nuvens estão se formando no oeste.

Eu sinto nos meus ossos.

Eu apenas sei.

Claro, algumas pessoas sentem a aproximação da chuva nos ossos. O ponto é que existem muitas maneiras de saber. Um desses modos é a evidência cientificamente verificável, mas também existe o "saber apenas". Ao olhar essa lista de possíveis respostas, talvez você queira perguntar: "Qual fonte é a correta?" Uma pergunta diferente poderia ser: "Em qual fonte eu acredito?" Muitas pessoas diriam que existe uma relação direta entre o que podem observar e a sua confiança no conhecimento adquirido. Para essas pessoas, a confiança deriva da experiência concreta. Elas também diriam que a intuição tem baixo grau de credibilidade – talvez 0% de confiabilidade.

Mas, em vez de insistir de que há apenas uma forma de conhecimento, vamos supor que existam duas. O conhecimento observável convencional é uma delas; a intuição é a outra. Em conjunto, essas duas dimensões proporcionam profundidade e perspectiva a qualquer questão.

Mas isso está correto?

Parte da dificuldade para descrever a intuição como uma forma de conhecimento começa pela definição de "conhecimento". Uma maneira de encarar a intuição propõe que ela não está certa nem errada – é mais como uma dica que recebemos. Por exemplo, responda essas perguntas: "Que dia da semana é amanhã? Qual é a data de amanhã? Em que estação do ano estaremos amanhã? Como deverá estar o tempo nessa determinada estação nesse ano em particular? Qual é seu ponto a trabalhar durante essa estação neste ano em particular?" Observe que a resposta para cada pergunta vem de um lugar diferente. Um deles é a memória, outro é a mente lógica e o terceiro é a sua história. E, talvez, outra fonte seja sua intuição. E se a intuição for um lugar – não um daqueles que vamos visitar, mas, quem sabe, simplesmente um lugar acessível, como a memória, que nos oferece algumas respostas. Nós recebemos a dica e a expressamos.

Com o objetivo de expressar a intuição em palavras, fazemos uma interpretação. E é essa interpretação que pode errar o alvo. O impulso intuitivo em si mesmo não está certo ou errado. Imagine a seguinte situação: seu cliente está no meio do relato sobre a ação que assumiu na semana passada. É um relato positivo com um sucesso atrás do outro. Ele fez tudo exatamente como disse que faria. Mas sua intuição indica que ele está omitindo algo. Então, apesar da evidência de sucesso, você afirma: "Minha intuição me diz que há algo em relação à semana passada que você não está me dizendo. É verdade?" A intuição lhe deu uma dica. Sua interpretação é que o cliente está omitindo algo, então, é isso o que você fala. Não importa se você está certo ou errado na interpretação. Caso o cliente esteja omitindo um fato – ótimo, você abriu uma porta para falar sobre o assunto. Se o cliente disser que não está omitindo nada – ótimo, você reforça a história de sucesso. O ponto entre a intuição e o coaching é que ela sempre estimula a ação e reforça o aprendizado, mesmo quando chega com um estrondo e não com um som melodioso.

A intuição sempre surge de formas inesperadas na conversa de coaching. Às vezes, parece um pressentimento. Ou pode surgir como uma imagem ou uma mudança estranha das emoções e da energia. A questão importante no coaching é manter-se aberto à intuição – atento, confiante e completamente desapegado da interpretação. No final, a intuição é valiosa quando leva o cliente à ação ou aprofunda o aprendizado. É realmente irrelevante se a intuição estava "correta".

Exemplo de diálogo
Situação A: Algo está sendo ignorado

Cliente: É como se eu já tivesse esgotado todas as possibilidades. Repito sempre as mesmas ações, converso com as mesmas pessoas, entrego sempre o mesmo velho currículo.

COACH: Minha intuição me diz que há algo mais – algo que está sendo ignorado. É como se estivesse diante dos seus olhos, mas você não vê. O que poderia ser isso?

Cliente: Não sei. Sinto como se já tivesse percorrido esse caminho tantas vezes que já entrei na rotina.

COACH: A estrada é uma boa imagem; vamos trabalhar com ela. Imagine que há uma cerca ladeando essa estrada e há uma porteira nela. O que é a porteira?

Cliente: É a estrada nunca percorrida.

COACH: E aonde leva essa estrada? Se você fosse fazer algo, o que seria?

Cliente: Na verdade, isso me lembra da casa dos meus avós em Connecticut Meu avô é a única pessoa da família que trabalhava por conta própria. Eu achava que ele era o homem mais esperto do mundo por ser capaz disso. Eu realmente admirava a independência dele.

COACH: O que essa porteira significa para você na sua própria vida?

Cliente: Essa porteira sempre esteve lá – e eu sempre passei por ela, porque achava que queria segurança. Talvez seja hora de ver seriamente como seria criar meu próprio sentido de segurança, trabalhando para mim mesmo.

Situação B: Delineando o interesse do coachee

Coachee/funcionário: ... lá no final do terceiro trimestre. O que significa que eu tenho apenas que dobrar meus resultados em comparação ao ano passado. Eu realmente gostaria de bater essa marca, de verdade, mas não vejo como isso seria possível.

COACH/gestor: Como um maratonista faria isso?

Coachee/funcionário: De onde saiu isso?

COACH/gestor: Intuição, eu acho. Você me disse uma vez que era um corredor de maratonas. Não é verdade?

Coachee/funcionário: Não mais desde que assumi esse emprego, com esses horários, mas, sim, fui maratonista no passado.

COACH/gestor: Então, olhando para a tarefa à sua frente como se fosse uma corrida de longa distância, o que você teria que fazer?

Coachee/funcionário: É fácil. Eu teria que fazer um cronograma de trabalho contínuo ao longo do tempo – como um plano de treinamento para uma maratona.

Inteligência intuitiva

Outra maneira de pensar a intuição é olhar para ela como uma espécie de inteligência, como a inteligência musical ou a inteligência visual. Todos nós que não somos cegos ou daltônicos conseguimos identificar as cores. Começamos na pré-escola e muitas pessoas adicionam mais cores ao vocabulário ao longo da vida, tornando-se especialistas em reconhecê-las. Os artistas, por exemplo, aprendem a identificar e nomear muitos tons de cores. Na mente deles, conseguem ver as sutis diferenças entre centenas de tons. A intuição é assim. É uma espécie de inteligência que todo mundo tem em alguma medida e pode desenvolvê-la exatamente como os artistas e os músicos fazem com seus próprios talentos.

Uma característica interessante da intuição é que ela é esquiva. Quando a buscamos conscientemente, fica mais difícil encontrá-la. Se você se dedica demais na busca da intuição, sua atenção desloca-se para si mesmo e seus esforços. Ao focar na outra pessoa ou em seu assunto, mantendo aberto o canal, você encontrará mais facilmente a resposta intuitiva. A chave parece ser: manter um foco indefinido, manter-se aberto apenas. Sua intuição está lá, enviando mensagens ou dicas, logo abaixo da superfície. Esse é o paradoxo da intuição: uma mão aberta pode retê-la, mas ela escapa de um punho cerrado.

Observação e interpretação

Dissemos que a intuição começa com uma "dica", um sentimento. Também pode ser uma observação, embora possa não ficar claro que você observou algo específico. Chamar simplesmente de "observação" faz a intuição ficar neutra. Você pode falar "Tenho uma sensação" ou "Tenho uma observação" ou "Tenho uma intuição" e ninguém pode discutir isso. É seu sentimento, observação ou intuição. O que acontece a seguir é sempre uma interpretação daquele sentimento, observação ou intuição. É preciso colocar algumas palavras em torno dessa percepção muito subjetiva. É natural dar um significado à intuição e é essa interpretação que pode se equivocar.

Por exemplo, ao ouvir seu coachee, você sente que algo não está sendo dito. É como se ouvisse uma nota fora da harmonia. Você pode dizer: "Algo não está soando bem aqui. Me corrija se eu estiver errado, mas sinto que algo está sendo deixado de lado, algo muito importante. Qual é a sua percepção disso?"

Nesse exemplo, você está comunicando uma observação: o sentimento de que algo não soa bem. E também está comunicando uma interpretação: algo está passando despercebido. Se for direto à sua interpretação, com frequência, vai parecer que já chegou a uma conclusão ou está fazendo uma acusação ou julgamento. A tarefa do cliente é pegar a informação que você ofereceu com sua intuição e aplicá-la à realidade da situação vivida por ele. O que combina? O que não combina? Por fim, é o coachee que traz uma conclusão à tona.

Para usar de forma eficiente sua intuição, a lição é não ficar apegado à própria interpretação. De fato, esse desejo de estar certo em relação à interpretação é frequentemente o motivo de as pessoas guardarem suas intuições. Elas têm medo de estar erradas ou de parecer tolas.

A melhor abordagem é estar preparado. Quando você expressa sua intuição, o cliente pode discordar. Mesmo assim, ele vai aprender como se sua intuição estivesse "correta". O que estava certo era a intuição de dizer algo. O correto é que o coachee tenha aprendido algo. Além do mais, o coachee conta com a sua intuição. Quando você omite, está retendo uma fonte crucial de informação e significado. A lição-chave: não se apegue à sua intuição, não importa quanta certeza sinta. Apegar-se à própria razão é algo que você faz para se proteger, enquanto o coaching é a defesa do cliente.

Encontrando o próprio ponto de acesso

Aprimoramos nosso acesso à intuição da mesma forma que desenvolvemos nossos talentos ou músculos. Tanto quanto possível, exercitar a intuição é como fazer ginástica para o corpo. Felizmente, o coaching é a academia de ginástica da intuição. Em termos práticos, como encontramos o acesso à nossa intuição, especialmente se não estamos habituados a utilizá-la? Pode ser um pouco enganador. Comparado com o músculo tríceps que está no mesmo lugar do corpo para todos nós, a intuição é encontrada em diferentes lugares para cada pessoa.

Muitas pessoas encontram a intuição no próprio corpo – no peito ou no estômago. Não é à toa que elas falam sobre a intuição como uma "resposta visceral" ou um "sentimento na barriga". Algumas sentem uma sensação de calor na testa ou amortecimento dos dedos. Para outras, a intuição não é percebida nunca no corpo. Pode ser uma sensação acima de você ou talvez como se estivesse dentro de uma bolha. Invista tempo para descobrir onde você sente sua intuição. Pare, preste atenção e ouça seu corpo e sua experiência nessa questão para determinar de onde a comunicação surge.

Talvez você "veja" sua intuição de uma maneira mais visual ou a sinta sinestesicamente. Algumas pessoas acreditam que conseguem acessar melhor a intuição ficando em pé. Para outras, a conexão é definitivamente verbal. Qualquer que seja seu ponto de acesso, por fim, você precisará verbalizar a dica oferecida pela intuição. Você dá sentido àquela sensação expressando-a com palavras. Vamos ser absolutamente claros em relação a isso: sua responsabilidade como coach é falar o que a intuição lhe oferece. O cliente é quem decide o que é útil em relação à sua dica intuitiva.

O botão de liga e desliga

Dar ênfase à intuição pode ser algo novo para você. Até que se torne familiar e uma ferramenta fácil de utilizar, pode ser que você queira uma forma de se lembrar dela durante as sessões de coaching. Você pode colocar um bilhete no seu telefone ou usar o relógio no outro braço. Você pode tentar levantar-se, se costuma conversar sentado. Ponto em questão: a intuição é um ativo poderoso do coaching, que vale a pena praticar. E a boa notícia é que sua intuição está sempre lá para ser explorada. Você não precisa gerá-la mais do que gera a eletricidade que abastece sua casa. É preciso apenas se lembrar de girar o botão para ligar.

Extravasando

Mesmo depois que surge a dica intuitiva, há a tendência de retê-la para analisar melhor, para verificar se está certa ou se aquele é o momento adequado para dizer algo. Infelizmente, quando você encerra os testes de validação, o cliente já avançou para uma fase completamente diferente da conversa. Seu momento está perdido. A intuição é como um pequeno relâmpago que já começa a desaparecer assim que surge. O momento mais poderoso é o primeiro. Reter a intuição por medo, timidez ou hesitação vai deixar a oportunidade passar. É uma pena, porque extravasar sua intuição quase sempre cria atalhos dramáticos, evitando muitas etapas aborrecidas do processo.

No papel de coach, às vezes, achamos que precisamos manter o fio condutor lógico da conversa, mantendo juntos as perguntas e as respostas em uma sequência clara. É uma excelente maneira de conduzir o cliente a novos aprendizados e descobertas, mas não é a única. Estar disposto a arriscar um salto com sua intuição pode levar você a um maravilhoso mergulho ou a uma horrível barrigada na água, só que isso lhe abrirá a possibilidade de acessar diretamente algo que pôde sentir na conversa, mas que não era capaz de articular por completo ou organizar logicamente naquele momento. Essa disposição de falhar leva ao bom humor e lhe dá licença para usar a intuição com mais liberdade.

A percepção da intuição

Às vezes, a intuição chega em forma de palavras, mas também não é raro que surja com sons ou imagens, como um sentimento ou uma sensação física. Sua intuição pode se comunicar com você por uma percepção de peso, uma dor, um estado de espírito. De vez em quando, a dica intuitiva aparece da conversa em si mesma. Outras vezes está no ambiente. Uma cena vista pela janela do consultório pode lhe inspirar uma observação. A cena cria uma imagem que sua intuição sinaliza como importante, você compartilha com o cliente e, então, vê o novo rumo da conversa a partir daquele ponto. Por exemplo, o coachee está lhe contando sobre suas preocupações com o impacto de uma reorganização que vai acontecer em sua área de responsabilidade. Quer conseguir discriminar o que é mais importante para pensar nas possibilidades de como deve agir. Você olha pela janela e percebe que é um dia friorento de outono, o primeiro da nova estação. É uma impressão forte e você compartilha com ele: "Estava olhando lá fora, é um belo dia de outono. As folhas estão mudando de cor; o ar já está mais frio hoje. O que isso sugere para você?" Pode ser que essa observação lhe dê a percepção da mudança das estações em sua própria vida, fazendo que consiga discriminar melhor as mudanças também no trabalho. É possível ainda que ele se lembre das tarefas que precisam ser realizadas para se preparar para o inverno – as ações necessárias para estar pronto para as grandes mudanças. A fonte da intuição é irrelevante; o relevante é o que acontece com o cliente.

Falando sobre uma intuição

Aqui está a sua "cola" para expressar a intuição. Você pode usar qualquer uma das seguintes frases para dar expressão à sua intuição e, claro, essa não é uma lista definitiva. Na verdade, uma boa prática é simplesmente começar com essas frases e não ter ideia do que sua boca dirá a seguir. Confiando na sua intuição você preencherá os espaços conforme vai conversando:

Tenho uma sensação que...

Posso lhe contar da sensação visceral que estou tendo?

Tenho a impressão que...

Posso checar um ponto com você?

Fico imaginando se...

Veja como isso lhe parece.

E talvez a melhor maneira seja simplesmente dizer diretamente:

Minha intuição me diz que...

A intuição não é magia, embora às vezes seja possível senti-la como se fosse, especialmente quando você fica maravilhado com os resultados. A intuição é como a habilidade de ouvir. É um talento poderoso que pode ajudar o cliente a entrar em ação e aprofundar seu aprendizado.

Habilidades de coaching

As habilidades que apresentaremos a seguir são associadas à intuição, embora não sejam exclusivas desse contexto. Decidimos abordá-las nessa seção porque elas surgem naturalmente da intuição ou ajudam a dar abertura à expressão dessas percepções intuitivas. Nós falamos sobre a metáfora no contexto da escuta, mas poderia muito bem estar incluída aqui, já que as metáforas com frequência nos ocorrem a partir de uma intuição.

Intromissão

Como as sessões de coaching costumam ser curtas, pode ser necessário interromper o relato ou a narrativa do cliente para chegar ao cerne de uma questão. Como coach, você utiliza sua consciência de Nível 3 para decidir quando é a hora certa de agir assim. Em vez de esperar pela oportunidade para cortar polidamente o assunto, você interrompe e redireciona a conversa ou faz uma pergunta. Quase sempre é a sua intuição que pede para você fazer a intromissão.

Observe que não é necessário ser rude, embora a interrupção possa ser percebida assim, especialmente nos países em que esse comportamento é visto como uma gafe grosseira. Também não se esqueça de que o cliente sabe quando está girando em torno da mesma questão. Se você não redirecionar esse tipo de divagação, o cliente começa a achar que a sessão de coaching é uma oportunidade para contar histórias e bem depressa ficará insatisfeito e pronto para abandonar o relacionamento. O cliente não quer usar todo o tempo da sessão com "e, então, eu..." ou "... e ela me disse...". Alguns são capazes de continuar a falar até que você traga algum ponto novo ao monólogo. No desejo de ser um bom cliente e de parecer empenhado, ele pode falar sem parar, pressionando você a tomar a atitude de salvá-lo, reconduzindo a conversa ao que é realmente importante.

De modo geral, é melhor você prevenir o cliente sobre essas possíveis intromissões desde o início do relacionamento de coaching. Explique que, de vez em quando, você poderá interromper a conversa de uma forma que talvez o surpreenda. Faça ele entender que a conversa no coaching é diferente de ficar de papo com um amigo diante de uma xícara de café. Talvez você tenha que interromper, mas peça a ele para que não leve isso para o lado pessoal. Diga para que avise você, caso se sinta ofendido; assim vocês dois poderão falar sobre a questão da intromissão novamente quando for necessário. Essa é toda licença de que você, como coach, precisa para interromper sempre que considerar apropriado.

Pode ser que você fique relutante para fazer a intromissão, achando que esse não é o seu estilo. Então, aqui está a verdade: você não está interrompendo o cliente, está se intrometendo para tirar da frente aquela história, que obscurece e nubla a visão geral do cenário. Você realmente prefere ser percebido como legal ou educado do que se intrometer para ajudar o cliente a enxergar o cerne de uma questão? Não se esqueça de que o coaching refere-se ao cliente e não ao coach. Portanto, o coaching não é para quem tem o coração mole.

Sua missão como coach é lidar com qualquer questão que surja e deixar fora da conversa seu ego e sua própria agenda de interesses. No entanto, há momentos em que é preciso assumir a responsabilidade. Sua experiência e capacitação em coaching lhe dá a autoridade necessária para servir ao cliente. Recuando para parecer legal e simpático você não estará servindo aos melhores interesses do cliente nesse momento. Haverá ocasiões também em que você deve se intrometer para clarificar o cenário, fazer uma demanda importante, propor um desafio poderoso ou falar abertamente aquela verdade difícil. Como não há uma regra simples e rápida para isso, esse é um bom momento para confiar na intuição, deixando que ela lhe indique a hora de fazer a intromissão.

Às vezes, o coach também falha na habilidade de se intrometer porque acredita que precisa de mais informações, mais cenário ou contexto, antes de intervir com uma questão de coaching. É fato que, de vez em quando, é importante ouvir o cliente contar a história e seu contexto. Isso também pode ser necessário para que o coachee se sinta ouvido e acolhido; nesse caso, a escuta é relevante para proteger o relacionamento. Porém, estamos assumindo que já temos bastante habilidade para ouvir integralmente o cliente. Então, o que muitos coaches precisam é de mais prática de intromissão. Essa habilidade ajuda a reduzir os relatos desnecessários – que podem se tornar uma cortina de fumaça diante do cliente, evitando que ele chegue às questões mais desafiadoras. A intromissão acelera o processo de chegar ao que é mais importante: a ação e o aprendizado.

Exemplos de diálogo

Os diálogos a seguir referem-se a um gerente e sua chefe.

Situação A: Mau uso da habilidade

Coachee: A Mary atacou de novo. É inacreditável como ela é do contra. Se eu digo que devemos ir para leste, ela diz "não", devemos ir para oeste. Se eu digo que a única forma de cumprir o prazo é contratar ajuda terceirizada, ela diz, "não, o problema é nosso, isso só quer dizer que precisamos trabalhar melhor em equipe". Trabalho de equipe! Dá para ser mais hipócrita? Eu vivo dizendo a ela que é preciso se engajar mais com o grupo. E a resposta é sempre a mesma: "Eu não tenho tempo" ou "É você quem tem que gerir a equipe". Você sabe, é desculpa atrás de desculpa. É ela que sempre joga a bola nas costas.

COACH: Deve ser frustrante tentar trabalhar com alguém assim.

Coachee: É, claro. Já contei a última que ela aprontou?

COACH: Mais do mesmo, tenho certeza.

Coachee: Com certeza. Não tem fim... blá, blá, blá, blá, blá, blá, blá.

Situação B: Bom uso da habilidade

Coachee: A Mary atacou de novo. É inacreditável como ela é do contra. Se eu digo que devemos ir para leste, ela diz "não, devemos ir para oeste". Se eu digo que a única forma de cumprir o prazo é contratar ajuda terceirizada, ela diz "não, o problema é nosso..."

COACH: Parece uma luta interminável de vontades.

Coachee: E é.

COACH: O que vai mudar esse jogo?

Coachee: O quê? Não entendi o que você quis dizer...

COACH: O que é preciso fazer para quebrar essa dinâmica entre vocês? Quais são os pontos fortes que você pode trazer para enfrentar a situação?

Coachee: Bem, isso é interessante... O que me vem à cabeça é condescendência, um grande valor para mim.

COACH: Como a condescendência pode romper a dinâmica desse jogo?

Extravasamento

Nós já falamos um pouco sobre a importância de extravasar. Por mais estranho que pareça, o extravasamento é uma habilidade valiosa que precisa ser desenvolvida. A maioria de nós investe tanto tempo tentando obter informações e analisando as situações, que perde a oportunidade de entrar em ação.

No coaching, o extravasamento serve para ajudar o cliente a enfrentar a situação sem tentar antes resolver tudo. É melhor mergulhar e estar disposto a parecer meio desajeitado. Esse comportamento gera mais confiança do que quando você tenta o tempo todo ser educado, aparenta autoridade profissional e está sempre no controle. Ser um pouco desajeitado e confuso – e, portanto, mais humano – também significa ser mais autêntico. E, se você não precisa ser sempre o máximo, o seu cliente também não. Por exemplo, como coach, você diz: "Não tenho bem certeza de que essas sejam as palavras, mas é como se..." ou "Deixe-me pensar em voz alta um pouco. Não tenho muita certeza do que quero falar sobre isso."

A intuição do cliente

É valioso observar que perceber que o coach trabalha com a própria intuição estimula o cliente a experimentar e assumir o risco de também acessar a sua. Na verdade, aprender os princípios, contextos e as habilidades de coaching pode ser de grande benefício para o cliente. O cliente que se torna proficiente na escuta dos Níveis 2 e 3, por exemplo, tem muito mais chances de ser eficiente em seus relacionamentos no trabalho e em casa. Aprender a esclarecer as situações e a manter a metavisão em suas vidas pessoais será também uma grande vantagem.

Para ensinar o cliente a acessar a própria intuição, comece pedindo a ele para simplesmente investir algum tempo observando e brincando com ela. Como o cliente não está habituado a acessá-la, peça apenas para que ele experimente, brinque um pouco e não se apegue à ideia de "fazer o certo". Prepare-o para o surgimento do cético interno – além dos céticos externos que ele, provavelmente, vai encontrar.

Exercícios

1. Intuição

A intuição é o sexto sentido que nos ajuda a encontrar a resposta para uma situação. De vez em quando, a questão é clara e explícita; às vezes, é apenas parte do pano de fundo de uma conversa. No coaching, há sempre uma pergunta no ar que se refere à vida do cliente.

Para praticar sua intuição, encontre-se com um amigo ou colega em um lugar tranquilo em que os dois possam ficar por um tempo sem ser perturbados. Faça a pessoa escrever uma série de perguntas abertas sobre a própria vida. Peça para que escolha uma das questões da lista e a repita em voz alta, lendo-a mais de uma vez com uma pequena pausa de silêncio entre uma leitura e outra. Vocês dois, então, devem se concentrar na pergunta por cerca de cinco minutos sem conversar. O objetivo é ampliar sua concentração na questão e se abrir para o que sua intuição oferecer. No final da pausa, conte tudo que lhe ocorreu a outra pessoa: os pensamentos aleatórios, os sentimentos, as imagens, sons, odores e sensações táteis e tudo mais que tenha notado ou que tenha distraído você. Algum ponto do relato de sua intuição certamente vai se conectar com o do outro. Tão logo ocorra o "toque" intuitivo, pergunte qual foi o ponto de conexão e explore o tema para ampliar a sua consciência.

Você pode tornar esse exercício ainda mais intrigante pedindo para que a pessoa escreva as perguntas em pequenos pedaços de papel. Depois, ela dobra todos e ninguém pode ler. Você escolhe um pedaço de papel dobrado, mas nenhum de vocês dois lê o que está escrito nele. A seguir, vocês passam cinco minutos concentrados na pergunta selecionada, embora não saibam do que se trata. Mais uma vez, no final da pausa, você relata tudo que sua intuição lhe ofereceu. Então, vocês leem o que está no papel e a outra pessoa faz seus comentários. Onde estão os pontos de conexão com seu relato? Aonde isso leva vocês?

2. Intromissão

Sente-se diante de um amigo e explique que, enquanto a pessoa fala, você vai interromper para praticar a habilidade da intromissão. Peça para a pessoa contar uma história de um período significativo da vida dela. Pode ser um aprendizado dos tempos de escola. Ou talvez um encontro com o primeiro amor. A pessoa deve escolher uma história que possibilite prolongar o relato, já que é importante que ela fale, fale, fale e fale mais sobre o mesmo tema. Enquanto seu amigo fala, sua tarefa é interromper e mudar o rumo da narrativa, aplicando uma das habilidades de coaching:

• Peça a seu amigo para chegar a uma conclusão: "O que isso significou para você?"

• Interrompa com uma pergunta provocativa, como: "O que você aprendeu com isso?" – e não com uma pergunta para saber mais detalhes.

• Interrompa para articular o que está acontecendo na história naquele momento.

• Interrompa com uma solicitação.

• Intrometa-se anunciando sua intenção: "Vou fazer uma intromissão aqui."

• A intromissão pode também incluir expressões como: "Desculpa, você acaba de..." ou "Deixe-me perguntar..."

Capítulo 5

CURIOSIDADE

Enquanto contexto de coaching, a curiosidade é a qualidade que dá início ao processo e fornece energia para que haja progresso. Os coaches mais eficientes parecem ser naturalmente curiosos e desenvolvem essa habilidade como uma forma para manter abertas as portas e as janelas para os clientes. Ser genuinamente curioso e disposto a lidar com tudo que surgir no processo é a essência do relacionamento do Coaching Coativo.

Um jeito diferente de perguntar

A curiosidade começa com uma pergunta. O ponto interessante em uma questão é que ela nos faz automaticamente começar a olhar com o objetivo de encontrar uma resposta. Por exemplo, quando você lê a pergunta: "Está frio ou calor lá fora hoje?", é provável que instantaneamente você comece a pensar no tempo em sua cidade. Nós temos essa resposta pavloviana às perguntas. É como se fôssemos lançados em direção à questão para buscar uma resposta. A simples colocação de uma pergunta muda o foco de uma conversa. Ser curioso tem o mesmo efeito. Com naturalidade, o coach direciona a atenção do cliente para aqueles pontos em que os dois ficam curiosos – como aquilo que mais entusiasma o cliente ou o que atrapalha as conquistas do dia a dia. Ainda assim, ser curioso a respeito desses aspectos da vida do cliente não é o mesmo que reunir informações sobre uma situação ou assunto. A curiosidade é uma forma diferente de descoberta.

Nossa experiência na escola nos treinou a coletar informações fazendo perguntas específicas, que nos levam à dedução das respostas. Nesse ambiente, nós aprendemos que as questões têm respostas específicas – na realidade, as respostas certas. Até mesmo as perguntas de desenvolvimento (ensaio) têm respostas específicas, concretas e mensuráveis. Aprendemos que as perguntas são usadas para reduzir as possibilidades. Esse é o método dedutivo. Aprendemos a preencher as lacunas e também a receber notas por nossa capacidade de encontrar as respostas certas.

Há uma enorme diferença entre as perguntas convencionais que explicitam as informações e as questões por curiosidade que levam à exploração de quem é a outra pessoa. Os exemplos a seguir ilustram as diferenças entre os dois tipos de pergunta.

Coleta de informações	*Curiosidade*
Que tópicos você incluirá no relatório?	O que foi para você terminar aquele relatório?
Quantos exercícios você precisa fazer por semana?	O que lhe parece ser "estar bem fisicamente"?
Quais opções de treinamento estão disponíveis?	O que você quer aprender que ainda não sabe?

E as perguntas mais mortais de todas nesse estilo de coleta de informações são aquelas que pedem como resposta apenas um "sim" ou "não". Isso simplesmente ergue um enorme muro no meio da conversa. O fluxo acaba abruptamente e o coach tem que recomeçar. As perguntas por curiosidade, no entanto, têm final em aberto. Elas conduzem o cliente por uma estrada e são estruturadas para evitar paradas repentinas. Observe as diferenças nas respostas que podem ser obtidas com o seguinte tipo de pergunta:

Fechadas	Abertas
É uma estratégia eficiente para você?	O que torna essa estratégia eficiente para você?
Há mais para aprender aqui?	Como você poderia ampliar o aprendizado com essa experiência?
Parece que você está paralisado entre duas escolhas – é verdade?	Qual outra escolha você poderia fazer além das duas que já fez?

Outra forma de fazer perguntas fechadas são as questões indutivas, que implicam na existência de uma resposta correta, porque a conclusão já está incorporada à própria pergunta. As perguntas indutivas deixam muito pouco espaço para escolhas. Elas, de fato, pressionam o aluno a dar a resposta que o professor está procurando.

O valor da curiosidade

No coaching, o ideal é fazer perguntas por curiosidade, isto é, com um estado mental curioso. O coach curioso não tem todas as respostas. Quando você é curioso, você não fica, de maneira alguma, no papel de *expert*. Em vez disso, você se junta ao cliente na busca do que há ali naquele tema em questão. Você explora o mundo dele em conjunto e não sobrepõe o seu mundo ao dele. É como olhar para o mundo dele com a visão fresca de uma criança.

Como consultor, você coleta informações para poder estruturar as recomendações mais apropriadas. Você tem a *expertise* e precisa das informações para determinar o rumo a seguir. É como um empreiteiro que é contratado para erguer um prédio com os materiais que levar para o terreno. No Coaching Coativo, ao contrário, você é um curioso. Você chega para colaborar com sua sólida experiência e *expertise* e para ajudar a construir algo com os materiais que já estão lá. As informações estão dentro do cliente.

Sua curiosidade possibilita que o cliente explore e descubra. Isso abre um grande leque de possibilidades porque é mais flexível. A curiosidade convida o cliente a buscar soluções. E o coach coativo parte do pressuposto que o cliente sabe quais são as soluções apropriadas e tem os recursos para encaminhá-las.

Ao encontrar as soluções por si mesmo – e não em você, o coach – o cliente se torna mais engenhoso. O efeito de encontrar as próprias respostas também é energizador porque gera um importante aprendizado. A curiosidade gera a busca, a define e redireciona, mas é a exploração do próprio mundo que provoca o aprendizado. Esse é o tipo de aprendizado duradouro porque deriva do interior da própria pessoa. Diante de questões que implicam em uma conclusão correta ou puramente factual, nós procuramos em nossos arquivos internos a solução que mais combina, isto é, a resposta certa. Com a curiosidade, temos a experiência da exploração, cavando fundo, revelando, considerando e refletindo. Esse é o aprendizado que leva ao crescimento e às mudanças sustentáveis.

Construindo o relacionamento

A curiosidade autêntica também é um elemento forte na construção de relacionamentos – um aspecto muito valioso no coaching. Imagine-se em um jantar, sentado ao lado de um estranho que parece infinitamente curioso a seu respeito: sua vida, seu trabalho, seus interesses, o que mais atrai e o que mais afasta você. Essa curiosidade não é apenas lisonjeira; é também encorajadora. Ela possibilita que você revele muito sobre si mesmo de uma maneira incontestável e construa um relacionamento sem se esforçar. Agora imagine o mesmo jantar e o mesmo estranho lhe fazendo perguntas. Só que, dessa vez, a pessoa não é simplesmente curiosa. Em vez disso, o estranho é sua futura sogra e as questões parecem um interrogatório da inquisição. As perguntas podem até ser exatamente as mesmas, mas o contexto é extremamente diferente. A curiosidade constrói relacionamentos; o interrogatório ergue defesas. No relacionamento de coaching, a curiosidade convida o cliente a buscar e descobrir em condições de segurança.

Direcionando com a curiosidade

As perguntas do coach propõem uma direção para o olhar e a atenção do cliente se volta naturalmente para lá. Com cada nova questão, o coach encoraja mais um olhar ao longo da trajetória – ou uma mudança de trajetória, permitindo que a curiosidade direcione o olhar. A intuição e a curiosidade orientam a conversa de coaching. Aqui, ser curioso tem dois significados: desapegar-se de uma determinada trajetória ou destino e, mesmo assim, ser sempre intencional na busca do significado, na revelação de ideias importantes e na descoberta do aprendizado do cliente. A conversa não é uma divagação sem objetivo.

Essa é uma boa hora para enfatizar que estamos falando da curiosidade em favor das descobertas e tomadas de decisão do cliente, não da revelação e da solução dos problemas do coach. É uma distinção importante e existe aqui uma linha de separação muito tênue. Sim, claro, é importante para o coach coletar informações e contextualizá-las para entender o tema em discussão e os desejos do cliente. Mas, na prática, o coach necessita de muito menos informação do que acredita. Isso é especialmente verdadeiro em relação ao cenário. Raramente, o coach precisa saber como a situação chegou até aqui e nem tem necessidade de conhecer os detalhes para solucionar o problema. É o cliente quem precisa saber e o coach pode ser mais útil orientando a descoberta e o aprendizado dele.

Desenvolvendo o talento

Como a escuta e a intuição, a curiosidade é um talento. Algumas pessoas são dotadas com um senso de curiosidade mais forte do que outras. E, também como a escuta e a intuição, a curiosidade pode ser aprimorada com a prática.

O primeiro passo é a conscientização – simplesmente prestar atenção à própria curiosidade. Estamos habituados a acreditar que temos que saber a resposta antes de fazer a pergunta e, então, fica quase impossível perguntar sem saber antes. No coaching, porém, você tem que aprender a parar de fazer perguntas na posição de *expert* – com a intenção de classificar, analisar e categorizar a informação para usá-la depois – e, simplesmente, questionar por curiosidade.

O cliente sabe quando o coach está fazendo uma pergunta com a "resposta correta" em mente. Nessa situação, ele sente que tem duas escolhas: resistir à resposta ou tentar discernir a resposta que o coach está procurando. Mas, quando a pergunta é feita por curiosidade, ele também percebe. E sabe que está sendo convidado a procurar a resposta em seu próprio interior.

Uma técnica para desenvolver sua curiosidade é passar a usar a frase "Eu estou curioso..." antes de fazer a pergunta. Observe como isso muda a natureza do olhar. Note como desloca o foco para o cliente e reduz o risco que, geralmente, vem junto com a oferta de uma resposta pronta. O cliente parece mais propenso a dizer "Eu não sei", mas apresenta sua resposta de qualquer forma. Com a curiosidade, haverá mais ludicidade na conversa e também a percepção incondicional de que a resposta que surgir será sempre a melhor porque é aquela dada pelo cliente. Isso não significa, porém, que a resposta do cliente não pode ser desafiada. É a melhor resposta porque é a do cliente e não a do coach; mas também deve estar aberta a mais aprendizado. Quando você pergunta: "Como você está se saindo com os contatos telefônicos para vender?" e o cliente responde: "Estou satisfeito em fazer quatro ligações por dia", você ainda pode questionar: "Seu plano inicial era de oito contatos de venda por dia. O que mudou?"

Outra aplicação da curiosidade é observar as mudanças de energia nas respostas do cliente com sua escuta do Nível 3. Quando seu radar energético registra hesitação, seja curioso sobre isso. Se notar raiva ou resistência, faça perguntas. Seja curioso em relação a alguma mudança no ritmo da conversa do cliente – ou a um tom mais cheio de energia, mais piadas e mais risadas. Use esses sinais como pistas para seguir sua curiosidade e acione o botão para "ligar" a intuição.

Como a curiosidade se integra ao coaching

Em algum grau, a curiosidade é uma habilidade comum a todas as profissões que oferecem apoio às pessoas. No coaching, ela é especialmente importante porque leva à exploração de fontes mais profundas de informação. Fazer perguntas para obter dados estimula a análise, a racionalidade e a explicação. Fazer perguntas por curiosidade, porém, estimula a obtenção de informações mais profundas – e quase sempre mais autênticas – sobre sentimentos e motivações. A informação revelada pela curiosidade é provavelmente menos censurada, menos manipulada e mais confusa. E, portanto, também mais real.

O coach demonstra sua curiosidade desde o primeiro encontro. Nada é mais engajador para um cliente em prospecção do que a genuína curiosidade do coach sobre ele, seus valores, o que considera importante e o que funciona e não funciona em um processo de coaching. A curiosidade está sempre presente nas sessões de trabalho, é claro. É o meio para descobrir novas respostas e novas áreas para explorar, sabendo que o cliente conhece as suas próprias respostas. O coach não precisa saber. A missão dele é ser curioso.

Exemplo de diálogo

COACH: Sei que você continua a dizer que quer se exercitar e perder peso – você acabou de falar nisso de novo – mas semana após semana eu tenho visto que você não faz nada a respeito. O que está detendo você?

Cliente: Com certeza, a falta de tempo é um ponto. Você sabe como tem sido meu horário de trabalho nos últimos meses.

COACH: Sei que anda bem ocupado, mas vamos recuar um pouco e dar uma boa olhada nessa questão. Talvez não seja tão importante, não é?

Cliente: Você quer dizer que eu posso decidir hoje que não ligo para o meu peso e nunca mais vou à ginástica novamente?

COACH: Essa possibilidade certamente animou você. Do que se trata?

Cliente: Odeio ir à academia de ginástica. Odeio o cheiro. Odeio toda aquela comparação física...

COACH: O que é importante para você?

Cliente: Minha saúde é importante. Meu pai estava obeso e fora de forma. Ele tinha só 68 anos quando morreu.

COACH: Imagine que você está saudável e em boa forma física. Como você se sentiria?

Cliente: Seria ótimo.

COACH: E o que funciona para você se exercitar?

Cliente: O que realmente dá certo – pelo menos, uma vez já deu certo – foi ter um companheiro para malhar, alguém para fazer exercício junto comigo.

COACH: O que você pode fazer para isso acontecer?

Cliente: Aposto que consigo encontrar alguém no trabalho que esteja disposto a ir à academia na hora do almoço. Posso colocar um convite no mural.

Habilidades de coaching

As duas habilidades abordadas nessa seção são exemplos ideais do contexto criado pela curiosidade. As duas referem-se a questões instigantes e abertas que levem o cliente a buscar suas descobertas. São habilidades que reforçam a essência da curiosidade.

Não se trata de coletar informações; é um convite ao cliente para que entre em lugares familiares – não apenas em sua mente, mas também no seu coração, alma e intuição – para observá-los com um novo olhar. E também em lugares que ele nunca tenha entrado antes.

Perguntas instigantes

Um tipo particular de curiosidade assume a forma do que chamamos de "perguntas instigantes". Mais do que falar, perguntar é um dos fundamentos do Coaching Coativo e as perguntas instigantes, um de seus pilares. Você vai entender a razão, quando vir o que uma questão desse tipo é capaz de provocar. Quando alguém lhe faz uma pergunta, especialmente se for pessoal, isso leva você a olhar em uma determinada direção para procurar a resposta.

Vamos dizer que o coach pergunte: "Quando você trabalha em um projeto, o que faz exatamente que possa ameaçar a conclusão bem-sucedida da tarefa?" A questão convida o cliente a olhar para uma direção. Ou suponha que alguém pergunte: "Por que razão devemos proteger as florestas tropicais?" Algumas pessoas podem visualizar o mapa com a localização das florestas tropicais. Outra pode pensar em imagens das florestas tropicais ou se lembrar da experiência de já ter visitado uma delas. Há quem considere a questão do ponto de vista ambiental ou recorde de artigos que já tenha lido sobre o assunto. O mais provável, de qualquer forma, é que essa simples pergunta leve a pessoa a algum lugar.

Pense nas perguntas instigantes como se fossem os pontos de uma bússola. Ao fazer esse tipo de questão ao cliente você o conduz não para um destino específico, mas para uma determinada região repleta de descobertas e mistérios. As perguntas instigantes convidam à introspecção, apresentam soluções alternativas e incentivam a criatividade e as ideias novas. Elas levam o cliente a olhar para dentro de si mesmo ("O que você realmente quer?") ou para o futuro ("Olhe seis meses à frente. De lá, veja, que decisões você tomaria hoje?"). Uma pergunta instigante amplifica a visão, abrindo novas perspectivas para o cliente.

As perguntas instigantes tendem a interromper o raciocínio da outra pessoa e, então, é comum que haja um silêncio repentino. Certifique-se de dar tempo ao cliente para que ele reflita antes de responder. Existe a tendência de preencher o silêncio momentâneo ou achar que o cliente não entendeu a pergunta. Na verdade, esse momento de silêncio está repleto de descobertas significativas. Apenas espere e escute. O cliente está habituado a relatar o que já sabe, o que já pensou sobre o assunto; ele não está acostumado a ter alguém diante dele, fazendo perguntas fortes e provocativas que o enviam para territórios ainda não desbravados. Uma maneira de mostrar ao coach que as perguntas são instigantes é justamente a consideração mais demorada e significativa que o coachee faz antes de dar a resposta. De fato, é possível conduzir uma sessão inteira de coaching com perguntas instigantes (A Caixa de Ferramentas do Coach on line: http://www.coactive.com/toolkit contém uma ampla amostra de perguntas instigantes para que você tenha uma noção melhor de como podem ser feitas ao cliente).

Exemplo de diálogo

Cliente: Eu só não estou muito satisfeito no trabalho.

COACH: O que significa exatamente "não estar muito satisfeito"?

Coachee: Estou desmotivado, não sinto que meu trabalho faça realmente alguma diferença.

COACH: Vamos começar por "desmotivado". Isso é o que você não quer. Mas o que você quer realmente?

Coachee: Quero acordar de manhã animado com o dia que vem pela frente. Quero ser mais criativo. Sinto falta dessa energia e colaboração.

COACH: O que mais?

Coachee: Gostaria de sentir que meus talentos estão sendo usados e que meu trabalho tem significado – que eu estou dando uma contribuição.

COACH: Como você pode criar isso no seu trabalho atual?

Cliente: Não sei bem. Acho que nunca pensei que isso fosse possível.

COACH: Dê uma chance. O que é possível?

Usando as perguntas instigantes – As perguntas instigantes cabem no coaching sempre e a todos os momentos – desde a sessão inicial de descoberta até a de encerramento do processo entre coach e cliente. Para fazer perguntas instigantes de modo eficiente, o coach tem que estar disposto a se intrometer, uma habilidade que já abordamos anteriormente. Em algumas situações, você não pode esperar por uma oportunidade e tem que abrir o próprio caminho na conversa. Por exemplo: seu cliente está entrando no astral de reclamar – mais uma vez – sobre como é difícil a situação profissional dele e como se sente incapaz de mudar a situação. Instantaneamente, você reconhece esse astral como uma rotina e, quando ele para para tomar fôlego, você pergunta: "Por que você tolera isso?" ou "Qual é a sua recompensa por tudo isso?" ou "Qual é o outro jeito que a situação poderia ser?". Para fazer perguntas instigantes, o coach tem que ser muito curioso e muito corajoso em favor da agenda de interesses do cliente. Ele tem que assumir que o cliente tem os recursos para lidar até mesmo com as questões mais diretas e mais duras.

Perguntas instigantes *versus* perguntas tolas – De vez em quando, as perguntas mais instigantes são as que soam como as mais tolas ou, se preferir, as mais simples e profundas. Isso porque elas escapam do radar. O cliente está acostumado a lidar com ataques complexos – são treinados para apresentar explicações e racionalizações. A pergunta tola cai como uma bomba sobre tudo isso. Imagine o seguinte: seu cliente tem motivos muito bem estruturados para explicar por que a situação é tão complexa, com milhares de histórias sobre os fatores que limitam o sucesso dele e as dificuldades para conseguir a cooperação dessa e daquela pessoa e... Em meio a tudo isso, você pergunta: "O que você realmente quer?" Bum! Você poderia desafiar o raciocínio dele ou procurar meios para abrir a perspectiva ou conseguir romper as barreiras defensivas. Mas essa simples questão, a pergunta tola, chegou à essência da situação.

Estão aqui mais alguns exemplos de perguntas "tolas":

- Como exatamente você quer estar (ou se sentir)?
- O que vem a seguir?
- Nesse assunto, o que é importante para você?
- O que mais?
- O que você aprendeu?
- O que você vai fazer e quando fará?
- Quem você precisa ser?

Pode haver momentos em que você considere a pergunta tola demais para ser feita. Vá em frente, pergunte e se surpreenda. Mesmo que receba a resposta esperada, lembre-se da razão que o levou a fazer a pergunta: você ouviu a resposta e, então, o cliente também a ouviu e aprendeu com ela. A razão para fazer a pergunta tola é deixá-lo ouvir a própria resposta: a verdade, a nova descoberta ou a mentira que ele insiste em continuar a contar para si mesmo. É como sublinhar as palavras. As perguntas reforçam o aprendizado antes de o cliente seguir em frente.

Perguntas nem tão instigantes e as exceções – Quando se trata de fazer perguntas instigantes, quanto mais simples e diretas, melhor. Uma questão longa ou complexa faz o cliente procurar a essência da colocação antes de responder, e ele pode se perder nessa tentativa de compreensão prévia. A pergunta instigante é instigante justamente porque abre um atalho direto para o cerne do assunto. Quanto mais curta, melhor.

As perguntas fechadas criam um túnel estreito que, em geral, termina abruptamente em um "sim" ou "não", ou traz mais dados à tona. Não há mais profundidade ou exploração, e é por essa razão que recomendamos evitar as perguntas fechadas.

Considere essa questão: "A aventura é importante para você?" A resposta poderia ser "sim", "não", "muito" ou "às vezes". Compare com essa pergunta: "Em que áreas da sua vida você gostaria de ter mais aventura?" Esse exemplo também ilustra a exceção para as perguntas que levam a respostas fechadas em "sim" ou "não". Às vezes, o coach precisa perguntar para buscar o esclarecimento de uma situação. Na primeira pergunta, o coach está perguntando sobre a aventura como um valor do cliente. De vez em quando, é necessário certificar-se de que o coach e o cliente estão na mesma página.

A pergunta que começa com "por que" é outro exemplo de questão, que não costuma ser muito instigante, porque convida o cliente a procurar por explicações ou fazer análises. Por exemplo: "Por que você decidiu mudar para Delaware?" Mesmo sem essa intenção, as perguntas iniciadas com "por que" colocam o cliente na defensiva. Ele sente a necessidade de explicar ou justificar uma decisão ou um ponto de vista. Uma pergunta mais instigante baseada na mesma situação poderia ser: "O que você busca com essa mudança?" ou "Quais valores motivam você nessa mudança para Delaware?"

Nós indicamos essas tendências não para que você crie uma regra de jamais fazer perguntas fechadas ou iniciadas com "por que", mas para que preste atenção no impacto das questões que coloca para seu coachee. Por exemplo, as seguintes perguntas – uma fechada e outra iniciada com "por que" – podem ser bem instigantes: "Está na hora de parar de analisar e começar a agir, não está?" e "Por que você diria 'sim' para ele, rompendo seu compromisso consigo mesmo?" Dentro do devido contexto e com o tom adequado, as perguntas fechadas e as iniciadas com "por que" podem ter um efeito dramático sobre o cliente, trazendo-o de volta ao compromisso consigo mesmo.

Lição de casa

A lição de casa é outro tipo especial de pergunta. A forma de expressá-la é bem parecida com a da pergunta instigante. A diferença é que o questionamento para a lição de casa é frequentemente colocado no final da sessão de coaching e isso significa que o cliente terá tempo para continuar refletindo e explorando aquele determinado assunto. Por exemplo: o cliente está lutando em sua área financeira – e, consequentemente, com mais trabalho e menos tempo para a família –, mas está determinado desde a infância a ser rico. Então, você faz a seguinte pergunta como lição de casa semanal: "O que é, afinal, ser rico?"

A pergunta da lição de casa pode ser completamente desconectada do tema discutido na sessão ou do momento vivido pelo cliente. Como parece ter saído do nada, esse tipo de questão pode produzir resultados inesperados e bastante profundos. Por exemplo, no final da sessão, você pergunta ao coachee: "Qual é o humor que prevalece em você no dia a dia?" Na sessão seguinte, depois de ouvir o cliente descrever seu humor prevalecente, você avança na questão: "O que esse humor prevalecente causa em sua vida?"

O propósito da pergunta da lição de casa é estimular a introspecção e a reflexão. Como com qualquer outra pergunta instigante, não há resposta certa. Não é uma questão que tenha uma solução. A pergunta da lição de casa diferencia-se por estimular a investigação interna e por seu tempo mais longo de reflexão. Por causa de nossa tendência natural de acreditar que todas as questões têm respostas certas, talvez você precise lembrar ao cliente que, na lição de casa, a meta é ser curioso. Com o tempo, esse tipo de reflexão conduz a compreensões mais profundas, novas formas de olhar para um assunto e, portanto, a novas possibilidades de ação.

Estão aqui alguns exemplos de perguntas de lição de casa:

- Qual é o anseio que está escondido?
- Para que você está aqui? Para criar?

- A que você está resistindo?
- O que é ser inspirado?

Para ajudar o cliente a lidar com a lição de casa, o coach pode agregar alguma ação à pergunta instigante. Por exemplo, você pode pedir ao coachee para que ele escreva a questão instigante em pedaços de papel e espalhe em lugares estratégicos. Assim, ele será lembrado para refletir sobre o assunto durante toda a semana. A pergunta estará lá na agenda diária, no painel do carro, pendurada no computador ou impressa em um cartão para colocar na carteira de dinheiro. A chave é olhar para a pergunta da lição de casa de uma maneira diferente a cada vez e se engajar na reflexão a partir de perspectivas renovadas. Outra ação que pode ser associada à pergunta da lição de casa é processar o tema escrevendo em um diário, pintando um quadro, conversando com um amigo ou saindo para dar uma caminhada. Você pode adicionar responsabilização à lição de casa, pedindo ao cliente para lhe responder por e-mail ou telefone antes da sessão de coaching da semana seguinte. A pergunta da lição de casa é uma ferramenta poderosa do coaching porque leva a reflexão e o aprendizado para o dia a dia do cliente (para mais exemplos, veja a Caixa de Ferramentas do Coach online em http://www.coactive.com/toolkit).

Exemplo de diálogo

No final da última sessão, o coach deixou o coachee com uma pergunta de lição de casa para que ele tivesse tempo para refletir – a questão pode ter muitas respostas diferentes em diferentes níveis de profundidade. A pergunta instigante era: *"Em que ponto você abriu mão de você mesmo?"*

Coachee: Bem, de início, eu não vi nada. E, então, comecei a perceber minha impotência para gerenciar minha agenda – eu nunca pareço ter tempo para nada porque as pessoas enchem minha agenda com compromissos.

COACH: "Abrir mão de si mesmo" no sentido de entregar seu tempo para outras pessoas. Como é entregar todo seu tempo?

Cliente: Percebi que tenho o hábito de dizer: "Não posso fazer nada, minha agenda está sobrecarregada" – até que me dei conta de que a agenda é minha. Eu tenho que escolher os compromissos de que quero participar.

COACH: Em que pontos mais você abriu mão de você mesmo?

Cliente: Também percebi isso no meu relacionamento. Quando minha companheira fica aborrecida comigo, eu recuo, desapareço ou me escondo em algum lugar. Eu me sentiria melhor se tomasse uma posição, mas é um velho padrão.

COACH: O que mais você descobriu com essa pergunta?

Cliente: Bem, fiquei pensando sobre ela e também notei como as pessoas abrem mão de seu poder.

COACH: Onde foi isso?

Cliente: Em uma reunião na semana passada. Fizemos uma rodada com o VP regional para rever algumas previsões, e as pessoas agiam como se fosse alunos nervosos diante do diretor da escola. Elas perderam completamente a autoconfiança e a autoridade. Foi fascinante.

COACH: Isso também aconteceu com você?

Cliente: Mais do que eu gostaria de admitir. Pensei que eu estivesse mais acima disso do que realmente estou.

COACH: Mais algum ponto?

Cliente: Não, acho que isso é tudo. Obrigado.

COACH: Então, aqui está a pergunta da lição de casa para a próxima semana: onde você assume uma posição inflexível?

Cliente: OK, vou refletir durante a semana.

O poder de ser curioso

Como coach, a sua curiosidade faz você conhecer o cliente de dentro para fora. Você aprende, fica curioso sobre o que aprendeu e continua a perguntar. Por sua vez, para responder à sua curiosidade, o cliente segue mergulhando em si mesmo – procurando as próprias respostas, tentando entender o mundo e como opera nele, discernindo o que o agita e o que o deixa paralisado. Você deve conhecer o interior dele até que, por fim, seja capaz de se tornar a voz do cliente, fazendo as perguntas que ele faria a si mesmo. Como coach, você está em uma posição melhor para tocar nesses pontos, pois não está distraído com a fala do autossabotador, com a própria história, com a opinião dos colegas, com os sentimentos das pessoas amadas ou qualquer outra situação desse tipo. As questões vão se tornando mais interessantes; as perguntas instigantes ficam cada vez mais potentes. Nesse processo, o cliente adota algumas forças do coaching – como se tivesse que construir competências internas. Ele aprende o que é ser curioso e menos juiz de si mesmo.

Exercícios

1. Curiosidade

Passe meia hora em uma cafeteria sendo curioso a respeito de todas as pessoas que estiverem lá. Sem realmente falar com ninguém a princípio, libere sua curiosidade e coloque as seguintes perguntas para você mesmo: Imagine que pontos estão em desequilíbrio na vida delas. Imagine o que elas valorizam. Imagine do que sentem falta em suas vidas, o que as faz rir, em que pontos construíram limites autoimpostos. Do que será que mais gostam durante o dia? Quais são os seus sonhos de vida? O que as torna mais poderosas? O que será que mais gostam nas pessoas com quem estão sentadas?

No final da meia hora, encontre alguém com quem possa passar um pouco mais de tempo e faça realmente essas perguntas curiosas. Enquanto coloca as perguntas, observe o que vai acontecendo com a outra pessoa. Como ela reage à sua curiosidade? Então, preste atenção no seu próprio papel na conversa. O que você observa no Nível 1? No Nível 2? E no Nível 3? Em seguida, seja curioso a respeito de sua própria curiosidade. O que você aprendeu sobre ser curioso? O que foi fácil? O que foi difícil? O que tornou isso fácil ou difícil? Como você poderia ser ainda mais curioso? O que isso lhe ofereceria?

2. Perguntas instigantes

A maneira simples de vivenciar o poder das perguntas instigantes também é uma das mais desafiadoras. Nesse exercício, o objetivo é ter uma conversa de dez minutos com alguém fazendo apenas perguntas instigantes: não faça afirmações, não sintetize, não dê conselhos, não conte suas próprias histórias e nem chegue a conclusões. Seu papel é fazer perguntas instigantes e nada mais (pode ser que você queira antes rever a lista de perguntas instigantes na Caixa de Ferramentas do Coach em http://www.coactive.com/toolkit). Em seguida, peça o feedback de seu interlocutor. Como se sentiu por você só fazer perguntas? Então, conte à pessoa como foi para você ficar restrito apenas às perguntas. O que funcionou bem para você nesse exercício? O que foi difícil?

3. Pergunta da lição de casa

A pergunta da lição de casa é aberta e instigante, com o objetivo de ajudar o cliente a explorar uma área importante de sua vida durante determinado período de tempo, em geral, uma semana ou mais. Para fazer esse exercício, comece revendo as perguntas de lição de casa que estão na Caixa de Ferramentas do Coach online. Então, retome a lista de dez amigos ou conhecidos para quem você escreveu metavisões. Usando a metavisão e o que sabe mais a respeito da pessoa, escreva uma pergunta de lição de casa para cada uma.

Capítulo 6

ENDEREÇAMENTO E APROFUNDAMENTO

O resultado mais visível do coaching é também a razão básica pela qual o cliente busca esse suporte externo: entrar em ação. Ele quer mudança; quer ver os resultados. Ele quer seguir adiante, *avançar*. Também é verdade que ação é algo diferente para cada cliente. Para alguns, isso significa conquistar metas específicas ou chegar a um patamar mais alto de desempenho. Para outros, ação quer dizer integrar novas práticas ou estabelecer novos hábitos com consistência. Há quem também considere que a ação é conseguir dar atenção a pontos mais subjetivos e qualitativos de sua vida. Independente da forma que o cliente defina "ação", isso será o foco de seu processo de coaching.

No Coaching Coativo, nós consideramos que um resultado secundário e complementar é o aprendizado. O que o cliente aprende durante o processo vai ajudá-lo a continuar fazendo melhores escolhas e, em última instância, vai torná-lo mais competente e engenhoso na área em que concentrou o trabalho de coaching. Na verdade, é esse ciclo de ação e aprendizado ao longo do tempo que conduz a mudanças efetivas e sustentáveis. O cliente age e aprende o que leva a mais ações com base naquele aprendizado e assim o ciclo continua. O coaching é ideal para isso porque o relacionamento avança e se estrutura justamente para dar foco nessa inter-relação entre ação e aprendizado. Todas as habilidades de coaching são utilizadas para estimular a ação e aprofundar o aprendizado do cliente.

Do ponto de vista do cliente, a ênfase da frase anterior deve recair inteiramente sobre as palavras "ação" e "aprendizado". O coach, porém, deve se concentrar em "estimular" e "aprofundar".

A ação e o aprendizado são o que o cliente vivencia. O estímulo e o aprofundamento são uma missão do coach.

No contexto recipiente do coaching, o coach e o cliente trabalham juntos em favor do último, que tem uma agenda de interesses direcionada para a mudança. Ele traz o desejo e uma série de qualidades que incluem a disposição de mergulhar fundo, o compromisso com a própria vida e a dedicação a seus propósitos. Conta com a coragem de assumir riscos em favor da mudança. Nos melhores relacionamentos de coaching, o cliente entra com 100% de si mesmo e esses atributos. Da mesma forma que o coach é curioso em favor do cliente, ele também tem as habilidades e o compromisso de estimular a ação e aprofundar o aprendizado – sempre em benefício dos interesses do coachee. Então, podemos dizer também que nos melhores relacionamentos, o coach entra com seus próprios 100% em quatro áreas: autenticidade, conexão, vivacidade e coragem.

Autenticidade

Em montanhismo, existe um acessório de segurança que se chama "grampo". Essa peça simples e engenhosa é cravada na parede de pedra; são fixadores que suportam o peso do montanhista, mesmo quando ele falha, escorrega ou até mesmo cai. O coach é como esse grampo. Ele torna possível que o cliente assuma os riscos necessários para escalar a própria vida. É importante que o cliente seja capaz de depender daquele grampo, saiba que é sólido, real, confiável e que vai aguentar o peso de uma queda.

Em termos humanos, isso significa que você, coach, deve ser autêntico para que o cliente sinta sua honestidade e integridade. Você será o modelo dele para o que significa assumir riscos e ser real e verdadeiro. Quando você age autenticamente e não fica desempenhando o papel de "coach profissional", aprofunda o relacionamento e cria confiança. E o cliente pode se balançar mais livremente. Há momentos em que o coachee precisa realmente se apoiar no relacionamento; nessa hora, ele quer contar com uma parede sólida, que seja confiável sempre, e não com uma fachada frágil.

A autenticidade aparece de diversas formas. O estilo pessoal é uma particularmente importante, ou seja, simplesmente seu jeito natural de ser com as pessoas. Como o humor e as excentricidades fazem parte disso, você deve levá-los para o coaching. De vez em quando, parece que os coaches acreditam que precisam ser sérios o tempo todo. Afinal, esse é um negócio sério, eles devem pensar. Obviamente, é importante levar a sério as situações sérias e se comportar profissionalmente, mas, mesmo assim, haverá muito espaço para um relacionamento vivaz. O humor pode iluminar uma situação na hora certa, tornando possível que o cliente avance no processo.

Conexão

Imagine que haja um instrumento capaz de mensurar a força da conexão entre o coach e o coachee. Essa conexão invisível existe, assim como as ondas de rádio usadas nos telefones celulares; às vezes, a emissão está forte e a comunicação é incrivelmente clara e próxima e, em outras, a tela do aparelho informa que não há sinal enquanto as duas pessoas continuam tentando conversar.

Uma parte do trabalho do coach é estabelecer, monitorar e manter o sinal de conexão o mais forte possível com seu coachee. A força desse sinal é especialmente importante quando o cliente está se movendo em novos e desconhecidos territórios no trabalho ou na vida. Em nosso modelo, essa situação é o Nível 2, isto é, a consciência e a conexão. Para monitorá-la, o coach escuta no Nível 3 e ajusta o que for necessário para manter a conexão.

Haverá ocasiões no processo de coaching em que o coach assume riscos com o coachee: ao desafiá-lo ou lhe dizer a verdade mais difícil. Se a conexão for forte, existirá confiança no relacionamento, o que aumenta as chances de sucesso.

Vivacidade

Todo o processo do coaching é construído com habilidades e metodologia. E há também o "estar" no coaching: o ambiente em que o processo acontece. Por "ambiente", não estamos nos referindo apenas aos aspectos físicos do lugar, embora isso também possa ter um papel importante no coaching. Em vez disso, estamos falando da atmosfera percebida entre coach e coachee: deve ser muito vívida.

Como coach, seus sentidos estão alertas e você pode perceber que o cliente também está alerta. A atmosfera emocional torna-se quase palpável e se revela em uma sensação de: tristeza, serenidade, excitação, raiva. Vívido não quer dizer, necessariamente, entusiasmado, embora esse seja um dos adjetivos possíveis para descrevê-lo. Se você colocar o ambiente em uma perspectiva contínua, terá de um lado as palavras "mortal", "aborrecido", "remoto", "indiferente" e, do outro, "vívido". Observe que, às vezes, "vívido" poderá ser bastante dramático e, em outras, bem calmo e tranquilo. Como em uma boa peça musical, a tranquilidade pode ser bem vívida porque contrasta com os movimentos dramáticos. Os coaches costumam acreditar que a conversa do coaching deve ser suave, polida e até inteligente. Com certeza, pode ser assim, mas não à custa da vivacidade. Nós todos já tivemos conversas que foram muito vívidas apesar de o assunto ser desconfortável. Para que o cliente saia de sua zona de conforto, haverá momentos em que a sessão de coaching será vívida e tremendamente desconfortável.

Coragem

Por falar em desconforto, até que ponto você está disposto a chegar em benefício dos principais planos e propósitos de seu coachee? Quão corajoso você pode ser para trabalhar a favor dele? A sua disposição de ser corajoso será um modelo, um espelho para o cliente. Quando você age corajosamente em benefício dele, demonstra que está tão comprometido no processo quanto o cliente e, de vez em quando, até mais do que ele. Naquela hora em que o cliente quer desistir, você precisa tirá-lo corajosamente dos seus medos ou da sensação de derrota. Isso não significa repreendê-lo, julgá-lo ou culpá-lo. Ao contrário, isso significa falar fervorosamente sobre a parte corajosa do cliente enquanto ignora o lado autossabotador. Você age dessa forma não para preservar seu ego, mas em benefício da vida e das novas possibilidades do cliente. O seu compromisso é ser destemido, isto é, preocupar-se mais com a agenda de interesses dele do que buscar aprovação e admiração. Essa postura implica em assumir grandes riscos: arrisca receber a raiva ou a desaprovação do cliente e talvez até a ruptura do relacionamento. A coragem feroz é o compromisso de ir com o cliente até a beira do abismo.

Responsabilidade

A sua tarefa como coach é endereçar e aprofundar. E você faz isso com suas escolhas: o coach escolhe utilizar essa ou aquela habilidade e também a direção a seguir para conduzir o cliente no processo de gratificação e equilíbrio. O cliente escolhe o foco de sua agenda de interesses, mas você decide quais ferramentas usar e gerencia o tempo e a estrutura das sessões de coaching.

O cliente é responsável pela ação e o aprendizado e quase tudo isso ocorre entre – e não durante – as sessões de coaching. Nas melhores interações de coaching, existe uma dança entre o coach e o cliente, que tem ritmo, duração, altos e baixos, idas e vindas e toda uma fluência, que pode parecer suave ou desconexa. Mas é o coach que toma a iniciativa de escolher a direção da sessão.

No modelo do Coaching Coativo, enfatizamos que o cliente tem as respostas e o coach é desapegado; também destacamos que o clientes é responsável pela agenda de interesses. Nós queremos deixar bem claro, porém, que o coach é o primeiro responsável pelo endereçamento e o aprofundamento das questões. Isso é o que chamamos assumir a responsabilidade pelo processo de coaching. O cliente espera e depende do coach para que isso aconteça. Você dança com as respostas oferecidas pelo cliente e mantém a disposição de endereçar e aprofundar o coaching em novas direções. Assumir o comando e se responsabilizar não é ser teimoso. Afinal, o coach assume a responsabilidade em benefício do movimento do cliente.

Responsabilização

Uma das qualidades definidoras do coaching é que o processo gera responsabilização: um instrumento para mensurar as ações e um recurso para verificar o aprendizado. É importante ser bem claro aqui, desde o início, que "responsabilização" é simplesmente o seguinte: o cliente presta contas de suas ações e aprendizado. Não há julgamentos, culpas ou repreensões. Ele presta contas daquilo com que se comprometeu: Quais foram os resultados? O que funcionou e o que não funcionou? Como pode fazer diferente da próxima vez?

A responsabilização ajuda a manter o cliente na trajetória planejada e com a qual se comprometeu, enquanto ele age e aprende com as ações que tomou e, às vezes, também com aquelas que não tomou. A responsabilização dá estrutura ao andamento do processo de coaching. Como coaches, nós mantemos o cliente prestando contas – não para verificar seu desempenho ou para mensurar como estão desempenhando, mas para empoderá-lo das mudanças que quer e está fazendo. Ao longo da trajetória, nós celebramos suas conquistas e cutucamos os obstáculos que ele encontra. A responsabilização é a estrutura fundamental que mantém a conversa em andamento.

É importante que os dois tenham um entendimento mútuo pelo que o cliente vai se responsabilizar, não importa que o plano de ação seja bastante específico ou muito subjetivo. As perguntas básicas para esclarecer os compromissos são simples e diretas:

- O que você vai fazer?

- Quando você vai fazer isso? (ou em qual o prazo, se for uma prática ou ação em andamento).

- Como saberei que você fez isso? (haverá uma comunicação específica? Ou pergunte como o cliente vai registrar o próprio progresso e reportá-lo a você)

Mesmo quando o coaching está focado em metas qualitativas sempre haverá a devida prestação de contas e a responsabilização. Por exemplo: imagine que um de seus coachees quer focar no valor da criatividade e outro deseja se tornar um gerente mais decisivo. Nesses casos, a responsabilização pode assumir a forma de uma pergunta de lição de casa com registro diário: "O que a criatividade acrescenta à sua vida?" ou "Quais são as qualidade de um gerente decisivo?" A responsabilização pode ser também um relato de fim de dia que o cliente faz para si mesmo: "Hoje eu fui criativo quando..." ou "Hoje eu falhei em ser decisivo quando..." Esses mesmos registros de final do dia podem ser enviados por e-mail para o coach juntamente com os comentários do cliente sobre o que está aprendendo.

Celebração dos erros

Pode parecer um pouco estranho colocar lado a lado as palavras "celebração" e "erros". Mesmo assim, esse talvez seja um dos conceitos mais importantes do coaching. O medo de errar é o assassino número 1 dos grandes planos e das boas ideias. Mais do que a falta de conhecimento ou habilidade, mais do que a falta de uma estratégia ou de um plano de ação claros, o maior obstáculo ao progresso do cliente é a paralisia causada pelo medo de errar.

A maioria de nós aprende desde a infância que o erro é ruim e até vergonhoso. Descobrimos logo como esconder nossas falhas e criamos desculpas para elas ou as ignoramos. Pior do que isso: começamos a parar de assumir riscos e nos tornamos mais cautelosos para evitar a possibilidade de fracassar. Passamos a limitar nossas escolhas somente àquelas ações com alta probabilidade de sucesso. Conforme nossas escolhas vão sendo limitadas, nosso campo de ação vai ficando menor. Não precisa necessariamente ser assim.

O erro é o meio mais rápido de aprendizado – pergunte a qualquer criança. Os bebês não ficam acordados até tarde lendo o manual de "como andar" para aprender o mecanismo da ação. Eles erram, caem, engatinham, levantam, erram e engatinham mais um pouco. Entre quedas e passos, as estatísticas indicam que há mais fracasso do que sucesso, mas nada disso parece diminuir o entusiasmo dos bebês. Para assumir o risco que vai capacitá-lo a andar e correr em sua vida, o cliente deve estar disposto a errar, cair, engatinhar e começar tudo de novo para aprender com a experiência. O aprendizado é a chave. Falhar ao agir ou até mesmo não conseguir agir é uma ótima oportunidade de aprendizado. E é essa oportunidade que nós celebramos e exploramos com o cliente.

A ação conduz ao aprendizado, mas ao longo da trajetória o cliente precisa passar pela terra dos erros. Existe aqui uma distinção essencial que vai ajudar você a pavimentar a estrada nesse território: existe diferença entre falhar em algo e ser um fracasso. As pessoas são naturalmente criativas, engenhosas e capazes. Não são fracassadas nem mesmo quando erram ao fazer algo.

De fato, para realizar mudanças significativas em sua vida o cliente quase sempre tem que chegar ao limite de suas capacidades e habilidades. De vez em quando, ele vai longe demais e falha; às vezes, não vai longe o bastante e perde a oportunidade. Quando a pessoa fracassa ou é bem-sucedida, uma das metas subjacentes é sempre buscar o aprendizado que resulta da experiência. É por isso que consideramos que errar é valioso. Merece celebração porque o cliente precisa ter coragem e comprometimento para assumir o risco de falhar. Ele sempre aprende mais com o que dá errado do que com aquilo que funciona bem. Por essa razão, nós colocamos entusiasticamente as palavras "celebração" e "erros" lado a lado.

Ao mesmo tempo, reconhecemos que a celebração do erro não quer dizer ignorar o desapontamento que sempre o acompanha. O cliente pode precisar de um pouco de tempo para absorver o impacto negativo antes de mergulhar no aprendizado que está disponível naquela experiência. Nesse sentido, a celebração é uma reverência, uma apreciação pela vivência do coachee. Nós temos as falhas em alta consideração porque bem poucas pessoas estão dispostas a se colocar nessa posição. É valioso celebrar quando isso acontece.

Revelação

Os coaches, pela própria natureza da profissão, querem ser úteis. Também desejam ser eficientes e bem-sucedidos e talvez até respeitados por seu trabalho, mas, em essência, sentem um desejo profundo de ajudar os outros. Isso também é verdadeiro para as pessoas que estão no papel informal de coach. Então, não é de se admirar que eles abracem a oportunidade de solucionar o problema do cliente. É a maneira mais óbvia de ser útil: encontrar o problema e resolvê-lo, fazendo-o desaparecer. Executivos e gerentes aprendem a adotar uma "abordagem de coaching" com seus funcionários e acabam confundindo isso com uma maneira mais tranquila e suave de resolver problemas. Porém, essa ainda é uma forma de resolver problemas – só que mais indireta. Esse equívoco é compreensível; ele deriva de velhos hábitos e expectativas.

Infelizmente, com essa orientação, o coach (ou o gerente no papel de coach) pode ficar tão focado em entender o problema ou o assunto que desloca sua atenção do cliente para o problema. A longo prazo, porém, o coach é mais útil quando ajuda o cliente (ou o funcionário) a encontrar seu próprio caminho e fazer suas escolhas. Isso recoloca a ênfase na pessoa e não no assunto. Como coach, ou gestor no papel de coach, é preciso lembrar que não estamos ali apenas para solucionar problemas; a missão é ajudar o cliente ou o funcionário a se tornar mais engenhoso e capaz no trabalho e em suas próprias vidas. Nossa tarefa é procurar, revelar e trazer à tona as forças e capacidades do cliente. Trabalhamos com ele para endereçar suas ações e aprofundar o aprendizado nas questões diárias, para que vivencie a satisfação e as recompensas de uma vida mais ampla e gratificante. Isso é o que realmente significa ser útil.

E, se agimos para revelar toda a potencialidade do cliente, temos também que descobrir e praticar nossas próprias capacidades. Há momentos em que é mais fácil ou mais confortável se omitir, ficar em terreno seguro, desviar ou se contentar com menos da parte do cliente. Ao agir assim, traímos a confiança tácita que existe no relacionamento de coaching. Existem ocasiões em que o coach precisa encontrar a coragem para falar em voz alta, insistir ou até exigir, em favor do cliente, para que ele vivencie as capacidades que possui e que vemos nele. É preciso estar preparado para revelar o melhor das pessoas e, às vezes, isso quer dizer começar por nós mesmos.

Habilidades de coaching

As habilidades apresentadas a seguir são estruturadas para endereçar as ações e aprofundar o aprendizado e vão desde as mais dóceis e colaborativas até as instigantes e assertivas; todas objetivam ajudar o cliente a dar encaminhamento às questões que estão enfrentando. O coach habilidoso sabe quando é a hora de encorajar a brisa criativa de um *brainstorming* ou de acender o pavio desafiador da dinamite.

Estabelecimento de metas

Sem um objetivo específico, o cliente pode navegar eternamente ou flutuar na boa brisa entre uma boa ideia aqui e outra ali. O estabelecimento de metas oferece a ele a direção e o plano de ação para tornar algo real. Naturalmente, as metas evoluem conforme o cliente progride, mas o movimento se inicia, em primeiro lugar, colocando o foco em uma meta ou resultado.

O estabelecimento de metas se divide em duas categorias: primeira, as metas para alcançar em um prazo futuro específico; e, segunda, as metas permanentes. Um exemplo de meta com prazo definido pode ser: "completar seis projetos até 31 de dezembro" ou "completar um projeto por mês nos próximos seis meses". E uma meta permanente é, por exemplo, "trabalhar em novos projetos três horas por dia de segunda a quinta-feira".

Parte de seu papel de coach inclui ajudar o cliente a estabelecer metas para seus planos e intenções. Para alguns clientes, quebrar o resultado principal pretendido em partes menores mais fáceis de administrar é a primeira descoberta. De início, tudo o que conseguem visualizar é o enorme continente a percorrer, mas depois percebem que o percurso pode ser feito em várias excursões menores.

Ajudar o cliente com os fundamentos do estabelecimento de metas pode fazer uma grande diferença em seu sucesso. As melhores metas são específicas. Além disso, são mensuráveis ou existe alguma maneira de registrá-las ou de monitorar os resultados. São orientadas para a ação, mesmo quando a intenção por trás é qualitativa. Por exemplo, a meta "avaliar uma mudança para o Alasca" será fortalecida pelas ações. O cliente pode comprar um livro ou um pôster com uma paisagem da região. Pode escrever em seu diário sobre a viagem que já fez ao Alasca ou conversar com alguém que mora lá agora. E, quando há um prazo determinado, o cliente fica mais disposto a entrar em ação.

O estabelecimento de metas pode parecer muito fundamental e óbvio para você, mas, como coach, não parta do princípio de que já foi compreendido pelo cliente. Embora básico, sua importância e valor não devem ser subestimados. No papel de coach, você e o cliente precisam ter bem claro como lidar com a definição de metas e buscar a forma que melhor funciona para os dois.

Exemplo de diálogo

O coaching oferece uma estrutura poderosa para ajudar o cliente a entrar em ação, manter-se em ação e aprender com as ações que adota. De vez em quando, a ação que mais anseiam é a inação.

COACH: Recebi seu e-mail. Você tirou a tarde de quarta-feira de folga exatamente como tinha planejado. Ótimo!

Cliente: Foi estranho.

COACH: A tarde inteira?

Cliente: É... Eu quase abri minhas mensagens, mas conseguir resistir.

COACH: O que você aprendeu?

Cliente: Que o mundo não entrou em colapso porque eu fiquei fora por quatro horas.

COACH: Bom saber. O que mais?

Cliente: Que contratei profissionais competentes – gente que eu posso confiar.

COACH: Mais algum ponto?

Cliente: As pessoas competentes se aborrecem quando eu as microgerencio. E isso me toma um tempo que posso usar para conduzir a empresa para outras áreas. Tenho que soltar um pouco o controle. Também aprendi que preciso de tempo para me recuperar. Vou me esgotar muito depressa se continuar assim.

COACH: Então, qual é o próximo passo?

Cliente: Ampliar a conquista?

COACH: Certo. Agora que já sentiu o gostinho, como ir além?

Cliente: Na verdade, já sei. Comecei a planejar umas férias para julho. Talvez até por duas semanas.

COACH: Parece que você vai ficar sem ar, não é? Para fazer acontecer, como você agirá nas próximas semanas?

Cliente: Planejei visitar a agência de viagens que fica em nosso prédio essa tarde para pegar informações sobre Bali e a Colúmbia Britânica.

Brainstorming

Há momentos em que as melhores intenções e os mais profundos desejos podem ser atrapalhados pela simples falta de boas ideias para entrar em ação. Sim, com certeza, o cliente tem as respostas, como já dissemos, mas, às vezes, pode ser necessário ligar o motor. É quando a habilidade do *brainstorming* entra em cena. O *brainstorming* é a colaboração criativa entre o coach e o cliente com o único propósito de gerar ideias, possibilidades e opções. O cliente classifica a porção de ideias geradas e seleciona aquelas que lhe pareceram mais atraentes.

Há algumas regras básicas que tornam o *brainstorming* mais eficiente. A primeira é que não existem ideias ruins. Nesse estágio, não se preocupe demais com a praticabilidade. De fato, como coach, parte de sua tarefa é sugerir o pensamento "fora da caixa" e as possibilidades mais extravagantes. O cliente tende a propor ideias sobre as quais já tenha pensado ou pequenas variações em torno delas. Você torna o processo mais criativo e divertido ampliando o leque de possibilidades. A segunda regra básica é que o coach não deve se apegar a suas próprias boas ideias e, sobretudo, não deve aproveitar o *brainstorming* para apregoar suas próprias soluções.

O *brainstorming* é como um gerador, portanto, procure criar novas ideias e não perca tempo apenas adicionando mais uma na pilha. É sempre possível transformar uma sugestão comum do cliente em algo mais criativo e pessoal. Por exemplo, se ele sugere fazer uma reunião estratégica de quatro horas com seus principais parceiros no escritório, você devolve propondo que ele contrate o espaço de um *resort* para realizar a reunião estratégica.

Exemplo de diálogo

Cliente: Estou um pouco perdido nisso. Faz 15 anos que não vou a um encontro romântico de verdade. Queria encontrar um jeito de conhecer pessoas, mas não sei nem por onde começar. O que as pessoas fazem?

COACH: O que você gostaria de fazer?

Cliente: Não sei. Você tem alguma ideia?

COACH: Vamos fazer um pouco de *brainstorming*?

Cliente: Claro, estou desesperado.

COACH: OK, você primeiro.

Cliente: Na faculdade, eu costumava ir a barzinhos. Mas acho que não gostaria de voltar a fazer isso.

COACH: Bom, então, quem sabe você não escolhe fazer isso – mas é uma opção. Nessa etapa, não existem ideias ruins, são apenas possibilidades. OK, o assunto é sociabilidade. O que você gosta de fazer para se divertir? Esquiar? Patinar?

Cliente: Caminhar. Fazer caminhadas ao sol. Quase tudo ligado à natureza.

COACH: Ótimo. Você pode se inscrever em um clube de caminhadas ou começar um para solteiros. Qual outra opção?

Cliente: Suponho que um desses sites que promovem encontros.

COACH: O que acha de trabalho voluntário? Você valoriza bastante os serviços comunitários. Qual seria uma área em que gostaria de voluntariar seu tempo?

Cliente: A escola em que meus filhos estudam. Gostaria de estar mais envolvido com eles.

COACH: Que outros valores você gostaria de explorar enquanto cria oportunidades para conhecer pessoas? Você mencionou a natureza... e nós falamos sobre serviços comunitários...

Cliente: Quando você falou "natureza", me fez pensar em jardinagem. Tenho certeza que deve haver boas possibilidades aí.

Demandas

Já enfatizamos mais de uma vez que o cliente tem sua agenda de interesses, ele é engenhoso e conhece as respostas ou, pelo menos, sabe onde encontrá-las. Ainda assim, haverá momentos em que você, o coach, deve demandar determinadas ações. Com base em sua capacitação, experiência e conhecimento do cliente, você terá a percepção – em geral com base nas ações que ele já está considerando adotar – de que direção ele deve seguir para aprender ao máximo. Você simplesmente coloca essa ação na forma de uma demanda: a ação fica clara e o cliente é o responsável.

Por exemplo: você e o cliente estão trabalhando para colocar ordem na vida financeira dele. Você pode dizer ao cliente: "Essa semana, minha demanda é que você crie um orçamento mensal detalhado para suas despesas pessoais e da casa. Você fará isso?" Observe que a linguagem da demanda assume uma forma específica: há a demanda em si mesma colocada de um modo específico e mensurável (o cliente deve prestar contas sobre isso) e há a pergunta final que propõe o compromisso. Isso é mais poderoso do que simplesmente pedir que o cliente trabalhe em sua área financeira nessa semana. A linguagem traça uma linha na areia e mostra ao coachee que a demanda é séria. Utilizando esse formato, o cliente aprende que aceitar uma demanda é um ato pessoal de comprometimento e não a mera aceitação de uma solicitação feita pelo coach.

A chave para fazer uma demanda bem-sucedida é não se apegar a ela. Quando você se apega à sua ideia brilhante e começa a acreditar que essa é a melhor maneira para o cliente atingir resultados, está agindo pela sua agenda de interesses e não mais pela do cliente. Diante de uma demanda, existem três respostas viáveis: "sim", "não" ou uma contraproposta. O cliente pode concordar com a demanda, discordar dela ou negociar algo. Caso sua ideia seja descartada, sinta-se livre para defendê-la um pouco. Pode explicar por que acredita que funcionaria e qual o valor daquela demanda. Talvez ele não tenha compreendido bem a proposta da primeira vez. Você pode até sondar para ter certeza de que o "não" não foi apenas uma reação do medo.

Quando o cliente realmente discordar de sua demanda, procure uma contraproposta. Pode perguntar algo como: "O que você fará?" O alvo de sua preocupação como coach é algum tipo de ação ou aprendizado – desde que isso aconteça, não importa quem fez o plano de ação.

Exemplo de diálogo

Cliente: Acho que estou como todo mundo naquele reencontro de dez anos de formatura. Eu adoraria perder uns cinco quilos.

COACH: Como vai indo sua programação de ginástica?

Cliente: Vou ao clube uma vez por semana. Sei que não é o suficiente.

COACH: Já falamos sobre isso. Você gosta de nadar, certo?

Cliente: Certo. Fiquei um ano na equipe de natação.

COACH: OK, minha demanda é que você nade no mínimo trinta minutos quatro vezes por semana. Você fará isso?

Cliente: Sabe o quê? Prefiro nadar quarenta minutos três vezes por semana. Isso me poupa uma ida ao clube e dá a mesma quantidade de tempo.

COACH: Como você vai me prestar contas?

Cliente: Farei um registro estatístico semanal, assim que começarmos.

COACH: Quer acrescentar algo?

Cliente: Dar uma caminhada ou andar de bicicleta com minha mulher ou meu filho no domingo.

Desafios

O desafio pede ao cliente que vá além dos limites autoimpostos – siga em frente até a beira do improvável. Se o desafio for suficientemente poderoso, deve causar a seguinte reação: o cliente senta e exclama "De jeito nenhum!" Quando o coach recebe essa resposta, sabe que entrou no território certo. Sua percepção sobre o potencial do coachee é bem mais amplo do que a imagem que ele tem de si mesmo. Com frequência, o cliente tem uma reação um pouco ambígua: fica exasperado por ter sido confrontado com um enorme desafio, mas também um pouco envaidecido porque alguém confia nele tanto assim. A maioria vai descartar seu desafio e, então, fará uma contraproposta – em um patamar muito mais alto do que jamais teria feito por iniciativa própria.

Como coach, você propõe ao cliente: "Eu desafio você a dizer 'não' 20 vezes por dia durante uma semana – diga 30 vezes." O cliente reage: "De jeito nenhum! É impossível. Vou estar demitido e divorciado em uma semana. Falo 'não' dez vezes por dia, mas esse é meu limite." Então, em vez de ser incapaz de dizer "não" no trabalho e em casa, ele estará praticando essa habilidade essencial dez vezes por dia. Esse é o poder do desafio.

Exemplo de diálogo

Cliente: É como uma nuvem negra dependurada sobre minha cabeça nos últimos seis meses!

COACH: Do jeito que você fala sobre isso, parece muito mais do que uma nuvem. Você está nessa sintonia negativa há semanas. Diz que está apático e não se alimenta direito... tudo por causa desse manuscrito que você tem que terminar.

Cliente: Relatório de pesquisa. Na verdade, a pesquisa está feita. Tudo que tenho a fazer é escrever.

COACH: Bem, quando fará isso?

Cliente: Já não sei mais.

COACH: Quantas horas serão necessárias? Qual sua melhor estimativa?

Cliente: Difícil dizer. Talvez 30 horas – um pouco mais, um pouco menos.

COACH: Tenho um desafio para você. Meu desafio é que você termine o relatório antes da nossa próxima sessão na semana que vem.

Cliente: Na semana que vem? Isso é loucura!

COACH: Você consegue fazer em uma semana?

Cliente: Bem, sim. Se eu só fizer isso.

COACH: O que você fará?

Cliente: Consigo fazer um rascunho.

COACH: Excelente. Como será poder dizer na semana que vem "Eu terminei"?

Cliente: Não tenho nem palavras...

Estruturas

Sabemos que a responsabilização no relacionamento de coaching é uma estrutura. É o meio com o qual criamos foco e disciplina. Na verdade, uma estrutura é todo recurso que lembra o cliente para se manter em ação em relação às questões com as quais se comprometeu. As estruturas intervêm no dia a dia, destacam-se, exigem atenção e são os recursos disponíveis para manter o cliente em sua trajetória. Podem assumir formas infindáveis. Colocar o relógio para acordar é um dos exemplos mais simples de estrutura – o alarme lembra você que horas são: está na hora de levantar! Existe uma variedade enorme de maneiras para tornar o foco mais preciso e entrar em ação. Diferentes estruturas acionam diferentes sentidos. Algumas são táteis: usar aquele belo terno para a reunião da diretoria. Outras são visuais: a fotografia na sua mesa de trabalho da casa dos seus sonhos ou de um destino para as próximas férias. Também podem ser auditivas: uma música especial como trilha sonora pessoal para ajudar a concluir um projeto ou aproveitar a ginástica.

O cliente assume o compromisso de entrar em ação e, com frequência, o dia a dia atrapalha. A rotina da vida tão bem conhecida, as exigências da família e do trabalho e até mesmo a própria resistência do cliente às mudanças podem desencaminhar as melhores intenções e as promessas pessoais. A estrutura tem o poder de lembrá-lo e de fazê-lo retornar ao seu compromisso.

Aqui estão alguns exemplos de estruturas:

- Crie uma proteção de tela especial com uma frase ou uma imagem;
- Pregue bilhetes pelo escritório ou em casa com afirmações ou lembretes;
- Registre o progresso diário ou semanal das principais metas em um cartaz na parede;
- Ouça música para meditação, um livro em áudio ou crie seu som motivacional pessoal;
- Escolha uma determinada peça de roupa – a armadura mágica – para fazer telefonemas de venda;
- Acenda uma vela ou queime incenso;
- Coloque um lembrete especial no bolso, pode ser uma pedra ou um brinquedo;
- Mude a iluminação da sala tornando-a mais brilhante ou suave ou até mesmo escolha outra cor;
- Crie prazos: por exemplo, convide os amigos para uma festa na sua casa, assim você vai ter que terminar de pintar a sala ou fazer aquela faxina;
- Defina consequências criativas ou recompensas.

As estruturas também são uma maneira de sustentar a ação e o aprendizado entre as sessões de coaching. Cada cliente responderá melhor a diferentes estímulos e sentidos. Experimente algumas estruturas até encontrar a que funciona e vá jogando com as possibilidades. A palavra-chave aqui é "brincar". A estrutura existe para dar disciplina e colocar foco nos pontos em que o cliente tem mais dificuldade para se manter no rumo. Tornando as estruturas divertidas, você aumenta as chances de que ele consiga seguir em frente.

Exercícios

1. Demandas

Com frequência, uma reclamação é uma demanda não verbalizada. No restaurante, quando o ar-condicionado está soprando direto nas suas costas, você pode ficar lá sentado com sua reclamação ou fazer um pedido para mudar de lugar. Quando é feita a demanda apropriada, em geral, ocorre uma ação que soluciona a reclamação.

Então, aqui está o exercício: faça uma lista de 25 reclamações na sua vida – aquelas questões que não estão acontecendo do jeito que você gostaria. Elas não precisam ser razoáveis. Se você tem uma reclamação sobre a meteorologia, coloque na lista. Os atos divinos não estão fora dos limites de queixas.

Quando completar sua lista de 25 reclamações, escreva uma demanda para endereçar cada uma delas. Sempre que possível, faça seu pedido a uma pessoa específica, que tenha o poder e a habilidade para tomar a providência necessária. Então, dentro da medida do possível, realmente procure a pessoa e apresente a demanda. E lembre que há sempre três respostas legítimas para sua demanda: "sim", "não" ou uma contraproposta.

2. Desafios

Retome novamente a lista de metavisões que fez para seus dez amigos ou colegas no Capítulo 3. Sua meta nesse exercício é escrever um desafio para cada pessoa, endereçando a metavisão de modo a elevar drasticamente o patamar do resultado. Você está tentando encontrar ações que levem adiante essas pessoas e proporcionem ótimos aprendizados. Certifique-se de propor verdadeiros desafios que as façam avançar além do limite que sabe que elas fariam sozinhas. Assim, se houver contrapropostas, elas serão significativas.

3. Estruturas

A seguinte situação é simples e bem típica: seu cliente está muito ocupado para manter seu escritório limpo, embora o caos existente o esteja distraindo das tarefas profissionais. Chegou a um ponto dramático. Algo precisa ser feito. Sua tarefa é apresentar 15 estruturas para ajudar a pessoa a se manter em ação, deixando o escritório em ordem e organizado.

Capítulo 7

Autogerenciamento

Esse é o quadro que continuamos a propor como o ideal: você e seu coachee 100% conectados. Você, como coach, escuta intensamente no Nível 2, acompanha e registra. E, com a escuta de Nível 3, você aumenta a consciência, a percepção e se abre à intuição, deixando a conversa fluir entre vocês e ao redor de vocês. É como se os dois estivessem em uma bolha, uma bolha segura que os isola das distrações do mundo exterior. Esse é o ideal. Mas, de vez em quando, no meio dessa conversa intensa e engajada, o telefone toca. Ou um sino metafórico soa na sua mente: um pensamento, um sentimento. De repente, aquela bolha protetora evapora. Você se desengaja, atraído por aquele pensamento ou sentimento. Você desconectou-se do seu cliente.

Acontece. Durante qualquer conversa com seu cliente isso pode ocorrer várias vezes. Algo que o cliente diz aciona um pensamento distraído ou a lembrança de uma experiência em sua própria vida, uma memória poderosa. Existem reações humanas que fazem você ir embora flutuando nos pensamentos e sentimentos, mesmo que seja temporariamente.

Pode ser uma ideia completamente fora do contexto: você lembra, por exemplo, que esqueceu de fazer reservas para o jantar e havia prometido cuidar disso. O coaching em si mesmo pode criar uma distração: você lembra de um momento especialmente brilhante ou da sensação de ter lidado mal com uma situação que o levou a fazer julgamentos. Ou pode ser que você se distraia por algo que aconteceu no ambiente; cachorros latindo, sirenes do carro de bombeiros ou a tempestade que começou lá fora. Pode ser algo que você simplesmente constata – a janela está aberta e a chuva está entrando, ensopando uma pilha de papéis importantes.

Naturalmente, você quer criar o ambiente e as condições que minimizem as chances dessas distrações acontecerem, mas elas vão ocorrer de tempos em tempos. O contexto do autogerenciamento é uma combinação da autoconsciência com a habilidade de recuperação. É a percepção de si mesmo, a capacidade de saber onde está e até onde chegou no relacionamento com o cliente e também a habilidade de retornar, de se reconectar.

Em última instância, o autogerenciamento é seu total comprometimento com o cliente. O ideal é estar 100% conectado. Administrar o ego é o que nós, coaches, fazemos para recuperar o contato integral, quando as condições provocam menos do que 100% de conexão.

Fora do rumo

O cliente é humano – o que é outra forma de afirmar que ele é meio imprevisível. Uma das situações mais comuns envolvendo o autogerenciamento é quando a sessão de coaching dá voltas e reviravoltas surpreendentes ou o cliente assume direções diferentes de sessão para sessão. A habilidade de conseguir se engajar com o cliente como quer que ele esteja, quando vem para a sessão, é tão essencial para o Coaching Coativo que nós a consideramos um dos pilares do modelo, chamando-a de: "dançar o momento".

O contexto do autogerenciamento também envolve saber a diferença entre simplesmente divagar com o cliente por onde quer que ele conduza o coach e manter o foco de acordo com a agenda de interesses do cliente. Pergunte a si mesmo: "Ainda estamos no rumo da agenda principal?" Pode ser que isso o tire momentaneamente da conversa, como se fosse um observador do fluxo das palavras. Mesmo assim, haverá momentos em que essa pausa momentânea – uma distância um pouco mais objetiva – será importante para manter o coaching no rumo.

Fica complicado quando você, como coach, distrai-se com o próprio conteúdo do coaching ou até mesmo com a agenda de interesses. De repente, você percebe que mergulhou até os ouvidos em detalhes técnicos ou no jargão profissional do cliente ou a própria agenda pode gerar alguma distração. É possível mesmo que você tenha algumas reservas em relação ao plano de ação que o cliente quer tomar. Na verdade, nem sempre você concordará com os planos dele, mas, ainda assim, o autogerenciamento precisa lembrá-lo de que as ações dele são dele. São dele para que trabalhe com elas, mude-as quando necessário, falhe completamente, ou seja gloriosamente bem-sucedido, aprendendo sempre o máximo possível com as próprias ações. Para o bem da própria integridade, você talvez decida compartilhar com o cliente suas reservas em relação ao plano de ação dele – desde que com o alerta de que você está oferecendo a sua opinião e experiência e não conselhos ou julgamentos.

A consciência constante sobre o conteúdo e a direção do coaching é um dos aspectos do autogerenciamento, mas essa habilidade envolve também um amplo leque de reações. No final das contas, o coach também é humano e, de vez em quando, a conversa, o assunto ou até mesmo uma palavra dispara uma reação da parte dele. O cliente pode dizer algo depreciativo sobre a assistência social às mães ou sobre homens divorciados ou grupos étnicos, ou ainda, pode ser que use uma linguagem inaceitável. É provável que aconteça algo, entre todo o material que o cliente apresenta na sessão, que acione a irritabilidade do coach ou que coloque seus padrões pessoais contra os comentários do cliente. Diante dessa circunstância, pode ser que você se torne muito crítico, perca o chão e fique até opinioso. É o que se chama ser "fisgado", como se um enorme gancho tivesse sido enfiado em você e puxado. E lá está você, perdido nos próprios pensamentos e opiniões, no Nível 1, sem nenhum foco no cliente.

Pode acontecer quando você menos espera. Por exemplo, você tem um cliente que está praticando a habilidade de dizer "não": não para o trabalho até tarde sem remuneração; não para os petiscos poucos saudáveis que esgotam a energia; não para os colegas que gastam um tempo precioso com fofocas; e não para um determinado relacionamento afetivo tóxico. O progresso com esse compromisso foi inconsistente, mas ultimamente ele parecia conseguir algum avanço. Na sessão de coaching de hoje, parece que houve um retrocesso total: ele aceitou fazer horas extras no final de semana; consumiu aqueles petiscos todas as tardes; e decidiu dar mais uma chance para aquele relacionamento. Você gostaria de ser calmo, compassivo e paciente, mas já viu demais dessas recaídas – você também consegue ver a capacidade do cliente e o preço que ele paga a cada retrocesso. Você fica maluco que ele não consiga ver isso com os próprios olhos. Você sente o calor subir por seu corpo e o coração bater mais rápido. Você está farto dessa droga!

Opa! Mesmo que essa raiva derive das melhores intenções possíveis e que você esteja querendo cuidar do cliente, nesse instante, o calor, a frustração e a raiva estão tirando você do rumo e quebrando a conexão entre coach e coachee.

A situação oposta também pode ocorrer. Vamos dizer que você venha trabalhando com um cliente há três meses e não houve nenhum resultado positivo. Ele não está mais próximo das metas hoje do que estava quando vocês dois começaram o relacionamento de coaching. Ele continua choramingando, repetindo as mesmas razões para explicar porque não consegue entrar em ação. Você já aplicou todas as técnicas e truques imagináveis, mas é como enxugar gelo. Hoje sua própria autoavaliação está de mãos dadas com o seu coaching inadequado: você fracassou; isso está acima de sua capacidade; você não tem as habilidades; não foi capaz de fazer nada em três meses para ajudar aquela alma merecedora que está contando com sua competência. Nesse momento, você não tem nem a coragem de admitir tudo isso e vê o cliente ir em busca do que precisa e merece com outro coach ou terapeuta. Enquanto isso, conforme você vai tendo essa conversa interna de autoflagelação, o cliente está se questionando, talvez imaginando onde é que você está.

Os sinais estão lá, basta ver. Quando você cai na armadilha da autoanálise – defesas, julgamentos ou frustrações – o alarme interno deve soar. Ao se deixar fisgar ou ser pego por uma atitude emocional pessoal, você não está mais com seu cliente; você está no Nível 1 com suas reações, pensamentos e sentimentos. Você está preso na gaiola, correndo naquela rodinha de exercícios que não leva a lugar nenhum. Você precisa reencontrar o caminho de volta para o cliente e se reconectar.

Território proibido

O autogerenciamento também está relacionado ao ponto em que você para ou retrocede no processo de coaching. Seria maravilhoso se o coaching eficiente pudesse acontecer dentro da zona de conforto do coach. Mas existem lugares em que os coaches não querem entrar, onde ficam inseguros ou têm medo das consequências.

Talvez, no coaching, às vezes, você evite falar a verdade mais difícil porque não quer criar problemas ou aborrecer o cliente – especialmente, se ele for ficar chateado com você. Talvez você retroceda porque não quer perder o cliente ou porque teme as repercussões na empresa. O coach retrocede quando não quer correr o risco de ofender, mas, ao agir assim, está colocando em risco a vida mais gratificante para o cliente. É possível que um cliente fique aborrecido e abandone o coaching? Sim, é possível. Há um preço que o coach tem que estar pronto a pagar em toda sessão. Repetindo: em toda sessão. Os riscos que, às vezes, não queremos assumir são os mesmos que o cliente também evita. São as mesmas questões que o impedem de alcançar metas importantes e desfrutar de uma vida em plenitude. E elas estão, com frequência, entre as razões que levaram o cliente a procurar o coaching.

Dê uma boa olhada nas áreas de sua própria vida em que se sente desconfortável e que já fizeram você retroceder no passado. É bem provável que sejam as mesmas que você não está disposto a entrar nas sessões de coaching, não importando se são arriscadas, ou não, para o cliente também. Para você, são pontos cegos, criados pelo hábito da defesa. Provavelmente, ficam invisíveis para você a maior parte do tempo. Talvez um dia você enfrente as questões que o fazem retroceder na própria vida, mas não é possível esperar que isso aconteça antes de explorar esses lugares com seu cliente. Talvez a solidão seja insuportável para você e, quando o cliente levanta o assunto, você rapidamente desloca a conversa em outra direção, encontrando algo mais para falar naquela sessão. Por causa da carga emocional que o tema tem para você, a exploração que beneficiaria o cliente é evitada. Quem sabe o seu ponto sensível seja dizer a verdade mesmo sabendo que vai desapontar a outra pessoa ou talvez você fique embaraçado ao falar sobre dinheiro ou intimidade. Aprofundar-se nessas áreas pode ser crucial para a ação e o aprendizado do cliente. O autogerenciamento refere-se a reconhecer que essas são questões desconfortáveis para você e, então, explorá-las mesmo assim em benefício dos clientes. Você tem que estar disposto a ser coach fora de sua zona de conforto.

Autojulgamento e bom julgamento

Provavelmente, é possível dizer com segurança que os coaches, como grupo, dão alto valor ao aprendizado e ao desenvolvimento – os próprios e também os dos clientes e das outras pessoas de suas vidas. Como consequência, a maioria deles tem o hábito bastante forte da autoanálise, que, às vezes, pode se manifestar em autojulgamentos injustificados e incapacitantes.

O autogerenciamento é a percepção de que o autojulgamento está acontecendo no cérebro e o reconhecimento da diferença entre a análise construtiva e a tagarelice autodestrutiva. A chave para você, como coach, é a mesma que você oferece ao cliente. Primeiro, observe. Tenha certeza de gravar bem isso na mente. Precisamente, qual foi a crítica ou a observação? Seja claro, descritivo e preste atenção à experiência. Então, responda a si mesmo algumas perguntas: Qual é a verdade que está ali para mim? O que há ali para eu aprender? Existe algo ali que o fisgou ou causou uma reação e vale a pena prestar atenção.

Antes de dar à experiência a pior interpretação possível, dê um espaço para a reflexão. Com certeza, essa reflexão você fará fora da sessão de coaching por conta própria, com um colega ou com seu próprio coach. É importante reconhecer que essas experiências disruptivas são parte do aprendizado e do desenvolvimento para torná-lo mais forte como coach e como pessoa. Quanto mais você reconhecer e trabalhar com seu autojulgamento, mais será capaz de ajudar seus clientes a fazer o mesmo.

O autogerenciamento também se relaciona à percepção de que algo está realmente acima da sua capacidade. Quando se sentir assim, seja generoso consigo. Nessa situação, a atitude mais construtiva que você pode adotar com o cliente – e com você mesmo, por falar nisso – é encaminhá-lo a um colega ou a outra fonte de ajuda. As pessoas não querem sentir que falharam. Mas, em alguns casos, a melhor atitude – e a mais profissional – é encerrar o relacionamento em benefício do cliente: ele pode ter melhores resultados com um conselheiro de carreiras, um terapeuta ou um coach mais desapegado. Quando a aliança não funciona, você não pode tentar mantê-la sozinho. Portanto, quando você realmente sentir que não consegue trabalhar com um cliente, encaminhe-o a outra fonte de ajuda – os dois estarão mais bem servidos.

Práticas

Vamos ser sinceros. Apesar das melhores intenções de estar sempre integralmente presente, você vai se desconectar do cliente de vez em quando. Pode acontecer por muitos motivos: alguns importantes; outros, triviais. Você olha na sua mesa e nota aquela conta que está atrasada... alguém bate na porta... algo que o cliente acaba de dizer lembra a você daquela conversa desgastante que teve com um colega. Uma das atitudes mais poderosas que você pode ter nesse momento é admitir: "Desculpa. Me deu um branco por um instante. Você poderia repetir o que acabou de dizer? Eu perdi uma parte."

Ao admitir que se desconectou, você cria confiança e reafirma seu compromisso com ele. Talvez você acredite que consegue esconder seu "desaparecimento" do cliente, mas quase sempre ele percebe, mesmo quando não verbaliza. Mais do que isso, você é o modelo da veracidade que constrói um forte relacionamento entre coach e cliente. Ele respeita sua honestidade em relação ao que aconteceu – sem tentar esconder. Considera que o fato de você admitir a desconexão é uma forma de reafirmar o comprometimento com ele – sem fingimentos.

Para estar presente e preparado, muitos coaches têm um ritual antes de começar o dia ou de cada sessão agendada. É uma estrutura para orientá-los ao coaching – prepará-los física, emocional, mental e até espiritualmente para estar com o cliente. Esse tipo de preparação é especialmente importante quando sua vida pessoal já está recebendo o melhor de você. Além de *coach*, você é um ser humano. Periodicamente, acontecerão fatos capazes de fazer você colocar toda a atenção em si e não no cliente. Um dia você fica preso no trânsito no caminho para o escritório e fica apressado, atormentado e ansioso para não chegar atrasado à sessão de coaching. Mas antes de falar com seu cliente, você precisa purificar esses sentimentos para ser capaz de se concentrar no cliente e estar integralmente presente diante dele.

Além dos aborrecimentos do dia a dia que podem desafiar seu equilíbrio antes de uma sessão de coaching, há também aqueles socos na boca do estômago. Talvez você tenha acabado de receber más notícias sobre um amigo: chegou o resultado da biopsia e o carocinho é um câncer. Ou você teve uma discussão terrível em seu relacionamento afetivo sobre aquela questão que simplesmente não chega a lugar algum. Fazer a purificação e se reequilibrar possibilita que você esteja integralmente presente no coaching sem ter que sepultar seus próprios sentimentos. Não é fácil. Às vezes, nem será possível e você vai ter que contatar os clientes para reagendar as sessões. Sim, você precisa ser forte para seus clientes. É admirável cerrar os dentes e perseverar quando as notícias são ruins – mas só até determinado ponto. O autogerenciamento é saber onde está esse seu ponto.

Opiniões e conselhos

A vontade de dar bons conselhos para ser útil é tão forte que, às vezes, torna-se *inadministrável*. Essa é outra situação em que o autogerenciamento deve ser avaliado, não uma regra a seguir.

Nós enfatizamos que o cliente é naturalmente criativo, engenhoso e capaz e que tem as respostas ou sabe onde encontrá-las. Ainda assim, de vez em quando, pode ser inútil omitir seu conhecimento e experiência, quando a questão é claramente relevante e pode poupar tempo, dinheiro e esforço do cliente. Desde que você mantenha a conversa em sua experiência, explorando as diversas alternativas e encorajando o cliente a encontrar o próprio caminho, essa atitude será vista como mais uma fonte potencial de ação e não como um "conselho de *expert*". Em resumo, não torne uma regra a diretriz de nunca compartilhar uma opinião ou dar um pequeno conselho. O autogerenciamento é um contexto de discrição, sempre em favor dos interesses do cliente.

A discrição também se aplica ao compartilhamento de sua história pessoal. A maior parte do tempo é melhor manter sua vida pessoal para você mesmo. Como coach, você tem um relacionamento com o cliente diferente do que se ele fosse seu amigo. Em uma sessão de coaching, o relacionamento é diferente até mesmo daquelas conversas que o cliente tem com os colegas ou gerentes. Na sessão, a atenção do coach está direcionada para a vida e a agenda de interesses do cliente. Em quase todos os casos, é inapropriado e uma perda de tempo para ele ouvir a sua história pessoal. Dissemos "quase em todos os casos" intencionalmente porque, às vezes, pode ser importante compartilhar um pouco da sua história pessoal para consolidar a confiança no relacionamento com ele. O fato de você ser humano, não um recurso anônimo e impessoal, contribuirá para fortalecer o relacionamento no Coaching Coativo.

A palavra-chave aqui é "relacionamento". Acreditamos que um relacionamento forte gera segurança, confiança e abertura, e é essa relação profunda que possibilita que o cliente assuma os riscos necessários para fazer as escolhas capazes de tornar a vida mais gratificante. Mas, como você pode perceber, isso abre espaço para interpretação e exige discrição. Em última análise, no modelo Coativo, as decisões baseiam-se no que será melhor para o cliente a longo prazo.

Nós descrevemos o contexto do autogerenciamento primeiramente sob o ponto de vista do impacto no coach, mas essa habilidade bem desenvolvida também beneficia os clientes. Conforme o coach modela os atributos do autogerenciamento, o cliente vê o impacto; aprende a se tornar mais atento ao que acontece no momento, observando quando ele próprio fica desconectado. Aprende a verbalizar a verdade, mesmo quando é estranha e, além disso, aprende como se recuperar e se reconectar no relacionamento. Esse benefício é levado das sessões de coaching para a vida cotidiana, criando relacionamentos mais profundos.

Na verdade, assim como o cliente desenvolve sua habilidade de escuta e aprende a confiar mais na intuição, ele também assimila – como resultado da imersão no coaching – os atributos do autogerenciamento. O cliente aprende a ficar mais atento às suas experiências interiores, especialmente nas situações em que habitualmente são fisgados ou perdem o equilíbrio. Treinar o cliente no contexto do autogerenciamento pode ajudá-lo a ser mais atento e reconhecer mais depressa essas situações, o que lhe oferece mais recursos de resposta.

Habilidades de coaching

Em geral, um conjunto de habilidades de coaching está associado ao autogerenciamento. Esses atributos fortalecem a dinâmica do relacionamento e ajudam o coach e o cliente a manter suas forças individuais.

Recuperação

Com certeza, a habilidade mais óbvia desse contexto é a recuperação: a capacidade de perceber a ruptura ou a desconexão e fazer a reconexão. Para o coach, a desconexão pode ser simplesmente um caso de confusão – perder o fio da meada da conversa com o cliente – ou uma reação muito mais emocional ao tema em questão ou a algo que ele disse. Existem três fases nessa habilidade: notar, admitir e reconectar.

Notar – A etapa da conscientização é crucial. Não é necessário saber exatamente o que aconteceu e é completamente desnecessário entender por que ou o que causou a ruptura – pelo menos, naquele momento. É importante simplesmente notar, perceber a ausência, a mudança, a desconexão.

Admitir – Descreva apenas o que aconteceu: "Eu me perdi" ou "Eu estava distraído por um instante." É opcional, mas encorajamos a atitude, especialmente quando você começa a treinar essa habilidade. Na maioria das vezes, é melhor falar claramente porque assim o cliente sabe onde você esteve. É surpreendente como o relacionamento de coaching pode voltar rapidamente ao rumo com esse simples realinhamento entre coach e coachee.

Reconectar – Cada pessoa terá uma tática diferente para se reconectar, e cada situação pode exigir um processo diferente. Fundamentalmente, esse é o processo de recuperar a atenção integral no cliente. Identifique a faceta do cliente que você mais acredita, mais gosta e pode celebrar com facilidade. Reconecte com essa parte que você admira no cliente e quer vê-lo em um patamar de excelência.

Permissão

Uma das técnicas mais importantes usadas pelo coach para sinalizar que é o cliente quem está no comando do coaching, é pedir permissão: "Podemos trabalhar mais esse ponto?" ou "Posso lhe dizer o que vejo aqui?" ou "Você gostaria de um feedback meu nessa questão?" Quando o coach pede permissão, isso demonstra que o cliente tem o poder no relacionamento. Pedir permissão é um sinal de autogerenciamento da parte do coach e permite ao cliente assumir a responsabilidade pela administração do relacionamento e do trabalho realizado. Ele se sente honrado quando você pede permissão; seus limites estão sendo respeitados. Isso é especialmente importante quando o assunto que você vai abordar é relativamente mais íntimo ou pode deixar o cliente um pouco desconfortável: "Posso lhe falar o que vejo na maneira com que você está lidando com essa questão?"

Exemplo de diálogo

Cliente: Sabe, acho que percebi que o plano que traçamos não ia funcionar. Tive que improvisar na hora... fui dançando conforme a música. Foi como antigamente, fiz acontecer e segui o embalo.

COACH: Antes de mais nada, os planos que traçamos não têm nada de sagrado. Ainda é você quem tem que escolher a melhor forma de agir para si mesmo. Confio que você sabe o que é certo e segue em frente, aprendendo com as decisões que tomar. Então, o que você fez?

Cliente: Foi basicamente o que eu fiz; entrei em ação. Só que de uma forma diferente da planejada.

COACH: Mas, antes de seguirmos em frente, gostaria de lhe pedir permissão para lhe dar um feedback sobre a forma com que você lidou com a situação – baseado no que você já me contou sobre o passado. Tudo bem para você?

Cliente: Tenho a impressão que não vou gostar de tudo que ouvirei. Mas, sim, claro. Há uma chance de que eu aprenda algo valioso. Sou todo ouvidos.

Resumo

Há momentos em que o cliente começa uma história interminável que toma todo o tempo da sessão de coaching. Outras vezes, o cliente começa a divagar, saltando de história em história. Pode ser esse o estilo de conversa dele, porém, muitas vezes, essa é uma maneira inconsciente de tangenciar as questões mais difíceis e os diálogos mais assertivos. Resumir é a habilidade de chegar ao ponto em questão e pedir para que o cliente também vá para lá.

É útil que você já aborde essa habilidade desde a sessão inicial de descoberta para que ele não seja pego de surpresa quando você pedir pela primeira vez que resuma e chegue ao ponto de uma questão. Não é a história em si que é aborrecida; de fato, pode até ser muito interessante. Mas a história é o cenário e, no relacionamento, de coaching o cenário é secundário. Com o limite de tempo disponível na maioria das sessões, simplesmente não há como se alongar em histórias detalhadas. No coaching, precisamos da essência das questões, e pedir que o cliente faça o resumo o ajuda a chegar ao cerne do assunto.

A capacidade de resumir também é importante para o *coach*, que não deve falar muito. No coaching, suas falas são resumidas. O cliente é quem fala.

Exemplo de diálogo

Cliente: Sei que pareço não sair do lugar nessa questão, mas nessa semana realmente não tive tempo. Realmente, não estou inventando história. Fico fora da cidade uns dois dias por semana... E ainda tenho aquela aula semanal... Tenho que passar mais tempo com a minha família...

COACH: Então, qual é o resumo da questão, Tom?

Cliente: Eu me comprometi a ajudar meu pai a cuidar da minha mãe. Meu Deus, na idade dele e com suas próprias condições de saúde, ele está precisando de apoio. Só não consigo encontrar tempo para fazer isso acontecer.

COACH: Com o que você se compromete, com o que realmente está comprometido?

Cliente: Não posso controlar as viagens – e estar fora da cidade simplesmente acaba com meu compromisso... Não vejo como...

COACH: Resuma, Tom. Com o que você se compromete?

Cliente: OK. Uma noite por semana – de qualquer maneira. E também posso telefonar para ele quando estiver fora da cidade. Sei que ele gosta disso...

Suporte

Nós já falamos antes sobre a habilidade da confirmação, que é reconhecer quem o cliente tem que ser para fazer o que é necessário. Dar suporte ao cliente é semelhante, mas o foco aqui é na oferta de apoio mais do que na identificação de seus traços de personalidade. Você oferece suporte ao cliente, quando lhe dá força nos momentos em que ele mesmo questiona suas habilidades ou a capacidade de cumprir uma tarefa desafiadora. Não se trata de tagarelice otimista. Como coach, você dá suporte para o que sabe que é real; ele perceberá se você não for sincero. Quando não fala sinceramente, você destrói o efeito positivo da oferta de suporte e coloca em risco a sua própria credibilidade. Mas ao apontar as habilidades, as forças e os recursos do cliente, você demonstra acreditar nele e lhe dá acesso para que conheça um pouco mais de si mesmo.

Talvez seja uma capacidade que ele não percebe que tem ou uma força pela qual não se dá crédito. Você oferece suporte, quando a estrada é íngreme e o cliente está cansado. É nessa hora que você reabastece o entusiasmo dele: "Você está tão comprometido com isso! Sei que é capaz de fazer" ou "Você já provou várias vezes que consegue ser cuidadoso e assertivo. Você pode fazer de novo." Dar suporte é fazer uma afirmação. É a sua capacidade de ver as capacidades dele. É uma maneira de olhar para o futuro. Você vê o cliente na linha de chegada, no topo da montanha com as metas atingidas.

Exemplo de diálogo

Cliente: É uma ótima posição, uma posição que eu realmente quero, mas também é um risco enorme. Entrando nessa, posso acabar como o maior bode expiatório do mundo.

COACH: Para brincar com o slogan olímpico, eu diria "Vamos atrás do bode!" Estou brincando, vamos atrás do ouro. O que você precisaria para ser a ganhadora da medalha de ouro?

Cliente: Para ser absolutamente honesta, não vejo ouro aqui – no máximo, prata ou bronze. Acho que essa corrida não é para mim – agora que eu vi alguns dos outros candidatos.

COACH: Agora estou falando sério. Mary, sei que você é capaz disso. Seu desejo interior combina muito bem com o caminho que construiu até agora para você mesma. Você tem as competências para isso – e o ânimo para colocá-las em ação. Claro que é arriscado. É aqui que começa a adrenalina e por que você se sente no limite. Mas eu sei como você se preparou para essa oportunidade e sei que você é capaz de fazer isso.

Cliente: Sei que você sabe. E isso me dá confiança quando não estou muito confiante em mim mesma.

Purificação

A purificação é a valiosa habilidade de desabafar para voltar a ter presença integral e se abrir para o coaching. Nós já a abordamos sob o ponto de vista do coach, quando se prepara para estar diante do cliente. Mas a purificação também é valiosa para o cliente pelas mesmas razões apresentadas para o coach. Vamos supor que ele vá para a sessão, tendo acabado de ser demitido ou de saber que seu melhor amigo sofreu um grave acidente de carro ou que o gerente do banco lhe informou que a conta está negativa ou que ele perdeu aquele grande cliente para seu mais odiado concorrente. Ou, em vez disso, a sessão de coaching está agendada para o dia em que ele voltou das férias e ainda está com a mente enevoada pelos drinques e pelo novo amor que acabou de conquistar.

Quando o cliente está preocupado, isso interfere em sua capacidade de ter conversas de coaching úteis e profundas. Com frequência, a necessidade de purificação é óbvia. Ele fica claramente perturbado, bravo, agitado e aborrecido com algo, que se torna presente, grande e palpável. Porém, a indicação de que a purificação é necessária também pode ser sutil – nem sempre você ouvirá um grande alarme tocar. Ele fica ligeiramente irritado ou talvez você perceba apenas uma pequena alteração na energia. De início, pode ser que o cliente nem queira falar no assunto. Mas, quando observa que a expressão normal da criatividade dele está restrita ou bloqueada, deve insistir na purificação.

Por exemplo, sua cliente está aborrecida com uma injustiça; há no ar um mau astral como se fosse um odor desagradável. Você pode dizer: "Você realmente parece bloqueada. Vamos tirar uns minutos para colocar isso para fora. Reclame para valer, choramingue e sinta pena de si mesma. Exagere!" O melhor a fazer nessa situação é ajudar a cliente a se purificar. De fato, é importante que o coach identifique o tamanho da necessidade de purificação. Em geral, os clientes se sentem estranhos por ficar apenas reclamando e querem parar antes de estarem totalmente purificados. Então, você vai ter que realmente insistir até que a última gota de mal-estar tenha sido colocada para fora. Faça um jogo e pressione: "Fale mais alto! O que mais aconteceu? E daí? Como você se sentiu? Que cretino! Me conte mais."

Exemplo de diálogo

COACH: Você parece distraído – é como se tivesse que se esforçar muito para estar aqui nessa manhã.

Cliente: Eu estou distraído. Ontem perdi 2 500 dólares em uma operação com ações.

COACH: Parece que você precisa de uma purificação antes de seguirmos adiante.

Cliente: Acho que você tem razão.

COACH: Dê um tempo, desabafe.

Cliente: Eu me sinto um otário. Pior do que isso, eu convenci dois amigos de que esse era o negócio mais legal do século e eles perderam dinheiro também.

COACH: Ui! O que mais, vamos aumentar o volume!

Cliente: OK, estou louco da vida comigo mesmo por ter embarcado no golpe do "dinheiro fácil". Estou com vergonha de ser otário...

COACH: Vamos em frente, o que mais?

Cliente: Tenho medo que minha mulher vá brigar comigo. Elas e as crianças vão ficar na mão. Como vou conseguir outros 2 500 dólares para as férias do verão?

COACH: Você sente que deixou sua família desamparada... o que mais?

Cliente: Eu devia ter percebido que isso estava para acontecer.

COACH: Então, também tem um julgamento "devia ter percebido o que ia acontecer", o que mais?

Cliente: Dá uma enorme sensação de vazio.

COACH: Você se sente vazio, o que mais?

Cliente: Acho que tenho que superar essa sensação ruim.

COACH: Como vai fazer isso?

Cliente: A purificação é um bom começo. Acho que uma longa caminhada com minha mulher vai ajudar. Quanto mais cedo nós falarmos sobre isso, melhor; e nós adoramos dar longas caminhadas.

COACH: Mais algum ponto? Você gostaria de trabalhar hoje nessa questão?

Cliente: Não, na verdade, não, mas obrigado por perguntar. Se der, vou fazer a caminhada com ela hoje à noite. Para a sessão de hoje tenho um assunto mais urgente.

Reenquadramento

Com frequência, o cliente fica preso a uma determinada maneira de olhar uma situação ou uma experiência. A perspectiva dele, além disso, repete uma mensagem paralisante. Sua habilidade de reenquadrar a questão oferece uma nova perspectiva e uma percepção de possibilidades renovadas. Vamos dizer que seu cliente está apostando tudo no fechamento de um grande contrato de consultoria e acaba de descobrir que a decisão final foi adiada, pelo menos, por mais seis meses. Naturalmente, ele está focado no próprio desapontamento. Como coach, você mostra que isso pode dar a ele o tempo que estava procurando para escrever uma série de artigos e fazer a prospecção de novos negócios. Portanto, você foi capaz de reformular aquela experiência nos termos das principais metas do próprio cliente. Utilizando basicamente as mesmas informações, você interpreta a experiência incluindo mais elementos da vida dele: o grande cenário.

O reenquadramento é olhar para o lado positivo dos fatos, é verdade; mas é mais do que apenas ser legal com o cliente. O reenquadramento oferece mais do que o consolo clichê do tipo: "Há ainda muitos peixes no mar" ou "Amanhã será outro dia". Para reenquadrar, você pega mais fatos reais da vida do dele e muda a perspectiva para mostrar uma oportunidade ou um atalho que não estava visível minutos antes. Por exemplo, sua cliente está lutando para quitar as dívidas no cartão de crédito e diz que é difícil fazer progresso, especialmente quando os principais aparelhos domésticos entram em pane e precisam de conserto. Você lembra que ela lutou para mudar os próprios hábitos de consumo e conseguiu pagar a mensalidade da dívida regularmente por vários meses. O reenquadramento não muda o fato de aquilo ser uma batalha. Mas mostra ao cliente que ele tem realmente recursos e está comprometido – e fazendo progresso. O reenquadramento desloca a perspectiva de "os cartões de crédito controlam minha vida" para "eu controlo minha vida".

Exemplo de diálogo

Nesse caso, o cliente começa com uma determinada perspectiva: ele desperdiçou seis semanas desenvolvendo um plano de negócio que não levou a nada. Apesar disso, aprendeu muito e isso vai ajudá-lo em outras apresentações do plano de negócios, além de ter lhe proporcionado ótimos contatos novos. Em resumo, há muitos aspectos positivos na experiência. E é para lá que o coach se direciona: para reforçar a ação e o aprendizado que acompanham esse esforço.

Cliente: Não deu em absolutamente nada. Nada de nada. Desperdicei seis semanas de trabalho.

COACH: Você seguiu um caminho que parecia bastante promissor há seis semanas. Lembro que você estava bem motivado.

Cliente: Eu estava motivado, sim.

COACH: O que você aprendeu nessas seis semanas?

Cliente: Aprendi a escrever um plano de negócios. Não que isso tenha me feito tão bem...

COACH: O que mais você aprendeu?

Cliente: Aprendi a apresentar meu modelo de negócios para pessoas fora da minha área.

COACH: Pessoas que não são técnicas?

Cliente: Sim, banqueiros e outros parceiros financeiros.

COACH: O que mais você aprendeu?

Cliente: Acho que aprendi que isso é algo que consigo fazer – mesmo que não goste tanto quanto da parte de engenharia.

COACH: Nesse caso, então, qual é a sua avaliação dessas seis semanas?

Cliente: Queria ter aprendido tudo isso em metade do tempo. E agora que tenho a apresentação estruturada e já pratiquei, posso continuar a mostrá-la aos investidores até que alguém enxergue a oportunidade e financie meu plano.

COACH: Ótimo. E o que você vai fazer em relação a isso nessa semana?

Distinções

O reenquadramento é uma maneira de ajudar o cliente a encarar uma situação a partir de uma nova perspectiva. Outra forma é ensiná-lo a colocar de lado as convicções caducas, fazendo a distinção clara entre duas situações que parecem similares por causa de uma perspectiva limitante e desencorajadora. A convicção caduca parece ser um fato da vida, mas não é.

Por exemplo, vamos supor que uma cliente acredite – porque é mãe e esposa – que precisa dar conta de todo o serviço doméstico. Ela fica paralisada e frustrada porque acredita que é a responsável e não consegue dar conta de tudo aquilo. Fazendo a distinção, temos dois fatos: ela é a esposa e há serviço doméstico a fazer. Como *coach*, você tem a objetividade para ver e fazer a distinção. Aqui está outro exemplo: um gerente acredita que deve lidar de forma equânime com os funcionários e que isso significa tratar todos do mesmo jeito. Ele distribui justiça tratando todo mundo igual e os funcionários de alto desempenho não estão felizes. Eles acham que merecem reconhecimento e recompensa.

Está na hora de ajudar esse gerente a fazer a distinção. Você pode fazer a ele uma pergunta do tipo: "Como você pode ser justo e ainda assim recompensar os funcionários de alto desempenho?" Esses são exemplos clássicos de convicções caducas que precisam ser separadas do raciocínio para que o cliente se torne mais engenhoso na seleção de suas possibilidades.

Exemplo de diálogo

Cliente: Eu planejo a agenda semanalmente. Uso um software. No domingo à noite, invisto um tempo para planejar minha semana. Mas, quando chega terça-feira, a agenda já está de ponta cabeça.

COACH: O que acontece quando você tenta manter o plano?

Cliente: As pessoas fazem novas demandas. Elas precisam que eu faça com urgência isso e aquilo – e nada estava no meu planejamento. E, então, bum! Fica tudo de pernas para o ar.

COACH: O que acontece se você disser não?

Cliente: Não naquela empresa. Não funciona assim. Se você quiser ser bem-sucedido por lá, tem que se mover rápido, ser flexível e responder na hora ao incêndio. É o que eles chamam de "trabalho de equipe".

COACH: Parece que você acaba pagando um alto preço por isso. Parece também que você tem algumas questões diferentes amarradas juntas. Vamos tentar separá-las?

Cliente: De que jeito? Não estou entendendo você.

COACH: Parece que você está dizendo: "Quando as pessoas trazem novas demandas, tenho que abandonar meu plano."

Cliente: Diria que isso é verdade naquela empresa.

COACH: Bom... você está disposto a falar um pouco comigo sobre essa questão? Eu gostaria de encontrar um ponto de vista alternativo, apenas para lhe dar algumas perspectivas adicionais.

Cliente: Claro.

COACH: Existem dois fatos: as pessoas fazem novas demandas e você tem um plano semanal. Até agora você tem dito "sim" para as demandas automaticamente. Qual seria outra maneira de lidar com as demandas?

Cliente: Posso dizer sim mais tarde, alegando que tenho que verificar antes minha agenda.

COACH: Bom. Que outra maneira pode haver?

Cliente: Suponho que eu poderia aprender a dizer "não" de vez em quando.

Exercícios

1. Autogerenciamento

Que questões têm mais probabilidade de "fisgar" você em meio a uma sessão de coaching? Em que áreas é provável que você precise mais de autogerenciamento? Faça a relação dos dez pontos que seu cliente pode tocar na conversa, levando você para o Nível 1. Por exemplo: "Acho que você não está me ouvindo." A seguir, faça a lista das dez atitudes que você pode tomar para se recuperar e voltar à conversa do coaching, mantendo-se desapegado.

Conheça os seus autojulgamentos no exercício do coaching. Em que questões você avalia automaticamente que falhou? Quanto mais consciente estiver desses julgamentos, menos chances você terá de ser fisgado por eles durante uma sessão.

Quais tópicos são mais desconfortáveis para você? Que assuntos fazem você se sentir inadequado, inexperiente ou simplesmente desconfortável.

2. Suporte

Retome novamente aquela relação de dez amigos ou colegas. Telefone, escreva ou mande um e-mail para cada um deles, dando o seu suporte. Aqui está a chave. Sim, você acredita que ele consegue fazer "isso" – o que quer que seja "isso" para ele. Para você, como *coach*, a pergunta é a seguinte: como você sabe? É onde mora a essência do suporte. Há razões e evidências. Você sabe que ele consegue porque: _____ (Preencha a lacuna). Então, faça que ele saiba que é capaz de fazer o que precisa ser feito. Sem a percepção clara de "como" e "por que" você sabe que ele é capaz, o suporte se torna tagarelice e entusiasmo vazio. Mas, quando você se baseia naquilo que já conhece sobre a outra pessoa, o suporte se torna altamente valioso.

3. Purificação

Treine um colega ou um amigo na habilidade de purificação para que ele possa ajudar você a se limpar e reequilibrar as energias. A tarefa do seu parceiro é encorajar você a mergulhar fundo, aumentar o volume até chegar à essência daquilo que esteja tentando purificar. A pessoa não precisa entender o que está acontecendo com você; o ponto é estimular você a desabafar, como parabenizar um atleta na linha de chegada.

Então, selecione uma área da sua vida que está precisando ser purificada e faça o exercício com seu colega. Quando terminar, fale com a pessoa ou registre por escrito o que aconteceu quando você encerrou o processo. O que houve com "a carga" quando você se permitiu dar completa expressão a ela?

Parte 3

Princípios e práticas do Coaching Coativo

No modelo de Coaching Coativo, nós dizemos que a motivação mais profunda de todas as sessões é a busca do cliente por plenitude, equilíbrio e o aprendizado do processo, que nós chamamos de os três princípios fundamentais. A questão atual trazida pelo cliente ao coaching – qualquer que seja – é a forma de ampliar a vivência desses três princípios.

Nesta seção do livro, descrevemos os três princípios, apresentamos as práticas de coaching associadas a eles e oferecemos exemplos e exercícios para os coaches. A Parte 3 termina com uma visão global integrada das práticas de coaching e a perspectiva do impacto que pode causar na vida das pessoas que participam do processo.

Capítulo 8

PLENITUDE

Pense em sua própria vida por um momento. Qual é a sua visão a respeito de uma vida realmente plena e gratificante? Qualquer que seja a resposta que lhe venha à mente, observe que a pergunta leva você mais fundo ao seu interior do que se fosse simplesmente: "O que você quer?" Essa profundidade é o motivo para a plenitude ser considerada um dos três princípios fundamentais do Coaching Coativo.

Sejamos honestos. A maioria das pessoas não chega ao coaching dizendo: "O que eu quero é mais plenitude na vida" – *pel*o menos, não com essas exatas palavras. Em geral, as pessoas têm alguma questão mais específica e mais urgente diante de seus olhos. Mas, mesmo assim, por baixo dessa agenda de interesses imediatos existe um chamado por algo mais profundo. Uma vida plena com sentido, propósito, satisfação. Consideramos que esse chamado é como a quilha do barco da vida dos clientes; é a forma por baixo da superfície que os mantém no curso. Sem a quilha, a embarcação fica à deriva e muda de direção ao sabor das ventanias. Uma das entregas mais valiosas que realizamos para o cliente é ajudá-lo a esclarecer qual é o formato da sua plenitude pessoal. E as ferramentas de capacitação no princípio da plenitude ajudam o cliente a descobrir qual é esse formato.

Pode parecer bem simples. Mas, na nossa experiência, é preciso muita coragem e comprometimento do cliente para que realmente faça escolhas e continue a fazê-las na direção de sua plenitude. O mundo em que vivemos está estruturado para colocar as pessoas em caixas – em geral, caixas bem confortáveis, mas, ainda assim, caixas. A escolha de criar uma vida verdadeiramente plena e gratificante, com toda certeza, desafia o *status quo* e provoca ondas no lago. É da natureza da definição de metas gratificantes e da entrada em ação. É importante para o coach entender a escala e o impacto da plenitude quando começa a trabalhar com clientes.

Fome de plenitude

Parte da dificuldade para criar uma vida em plenitude começa pelo lugar para onde o cliente volta sua atenção. Quando inicia a busca por uma vida mais plena, o cliente olha para o que tem... e para o que não tem... e vê a diferença entre uma lista e outra. Então, vai atrás de algo que preencha aquela lacuna – algo que faria a vida dele mais plena. Esse "algo" costuma ser o óbvio: um emprego com salário mais alto, uma casa de praia ou um negócio bem-sucedido. Essa busca também costuma dar foco em "algo" menos tangível: um encontro romântico ou uma promoção. Infelizmente, "ter algo" é momentâneo e oferece uma satisfação fugaz. Você sabe isso por sua própria vida. Pense em algo que você queria realmente. Pense no momento de excitação quando conseguiu adquirir aquele "algo" e como o brilho desapareceu rapidamente: seis meses depois da compra do carro novo, da conquista da promoção ou do novo namoro. Enquanto continuarmos procurando "coisas" para ter uma vida mais plena, nós seremos sempre momentaneamente gratificados e estaremos constantemente famintos.

Ser pleno

O Coaching Coativo traça um quadro diferente da plenitude. Começa por perguntar ao cliente o que ele acha que é ser pleno. Não "naquele dia longínquo do futuro", quando a meta for alcançada, mas hoje, porque a plenitude está disponível em todos os dias de nossas vidas. Essa é a posição que assumimos no Coaching Coativo. Claro, vislumbrar um futuro que seja ainda mais gratificante é, em si mesmo, um exercício de plenitude. Trabalhar na direção das metas que tornem essa visão real também é plenitude. A questão é que a plenitude é um exercício de escolha e não algo que vai acontecer algum dia.

Parte da confusão em relação à plenitude está na linguagem. Sabemos o significado da palavra "pleno" e consideramos que a plenitude é um estado a ser finalmente alcançado. Meta atingida: plenitude, realização e fim. Em vez disso, a plenitude é um paradoxo no qual você pode estar pleno hoje e novamente pleno amanhã, talvez até de uma maneira diferente e, então, estar pleno de novo no dia seguinte e no dia depois do outro dia. É uma ilusão tentar capturar a plenitude. "Ter" plenitude é como tentar engarrafar a luz.

Isso não quer dizer que o cliente precisa parar de querer ter coisas em sua vida. O cliente vai continuar a querer conquistar mais dinheiro, fazer um ótimo negócio ou iniciar um relacionamento romântico. Mas essas conquistas são a expressão da plenitude deles, não a plenitude em si.

Sentir-se bem não é um sinal

Existe uma importante distinção: nós sempre confundimos ser pleno com estar se sentindo bem. As duas condições podem coexistir, mas não necessariamente. No estado de plenitude, a sensação é de não haver esforço – há harmonia e congruência com as grandes leis do universo. Mas a plenitude também pode existir quando a vida está difícil, desafiadora e desconfortável. Algumas pessoas dizem que o momento em que se sentiram mais plenas foi quando contavam com o mínimo e a vida diária era uma batalha. Elas faziam o que era importante para elas, aquilo que exigia sua paixão e comprometimento. Lá, em meio à escassez, a vida era abundante. Talvez a simplicidade do momento dê a elas mais clareza sobre o que é realmente valioso. Mas a percepção de plenitude dessas pessoas não se refere a estar bem ou alegre todo o tempo. Viver com propósito e sentido, cumprindo uma missão pode ser intenso e, às vezes, desolador e exaustivo, mas, ao mesmo tempo, extremamente gratificante. O paradoxo da plenitude é que os dois aspectos são possíveis e simultâneos: viver em paz interior e lutar bravamente no dia a dia.

Estar vivo

De fato, descrever a plenitude pode ser simples assim: a plenitude é estar integralmente vivo. É a expressão completa do que somos, fazendo o que consideramos o certo para nós. Os clientes têm uma noção dessa sensação. Costumam descrevê-la como um sentimento de totalidade, satisfação, retidão e harmonia. A palavra que usamos para descrever esse sentimento é "ressonância". Tudo que valorizamos está alinhado e vibra na mesma frequência da vida. Sentimos isso nas escolhas que fazemos. A vibração do momento pode ser muito dramática, ameaçadora, excitante ou irritante. Ou talvez seja calma, serena, suave ou íntima. Pode ser ainda uma combinação exclusiva de todas essas qualidades – desafiando a física e nossas metáforas. O cliente sentirá a ressonância. As peças da vida pessoal e profissional se encaixam, criando uma sensação muito pessoal de integralidade e um forte sentimento de estar vivo. É vivenciada no trabalho significativo, na percepção dos talentos bem aplicados, na contribuição oferecida, no dar e receber, na disposição de jogar para vencer, de estar no ritmo, seguir o fluxo, ser criativo e conseguir se expressar. É a experiência de se sentir completo.

"A" maiúsculo, "a" minúsculo

O "a" maiúsculo e o minúsculo referem-se à primeira letra da palavra "agenda". No Coaching Coativo, nós vemos sempre uma agenda sobre a mesa, mesmo quando não foi verbalizada. Essa é a Agenda com "A" maiúsculo, que ocupa o centro do coaching: é a vida plena e gratificante do cliente. É a vida em sintonia com os valores dele. Está na dinâmica das ações dele, no equilíbrio das prioridades de vida e é plenamente vivida a cada momento. Ele está completamente dedicado ao processo de viver. Há sempre uma questão subjacente que mobiliza o coach e o cliente, mesmo que não seja falada: "Como você quer que sua vida seja?" Nessa questão, a ênfase está no estado do "ser".

Há também uma conversa contínua sobre a ação e o fazer diário da vida; caso contrário, o coaching não seria nada mais do que um diálogo interessante. A ação é onde o cliente torna real a plenitude da vida. Essa é a agenda com "a" minúsculo. Não é minúsculo por comparação ou grau de importância e, com certeza, não por ser subestimado. É simplesmente uma maneira conveniente para falar de dois aspectos da plenitude. Ambos são essenciais. A agenda com "a" minúsculo relaciona-se às metas, ações e prestação de contas (responsabilização). Em cada sessão de coaching, há uma questão a trabalhar, planos para fazer, metas por definir e responsabilização para gerar ação e aprendizado. Na capacitação no princípio da plenitude, olhamos para a Agenda com "A" maiúsculo do cliente com perguntas como: "Qual é a sua visão?" ou "Em quem você está se transformando?" ou "O que sente quando a vida é mais vívida para você?"

Nesse modelo, a agenda com "a" minúsculo existe para servir à Agenda com "A" maiúsculo. Isso é crucial. Parte da tarefa do coach é manter essa metavisão do cliente, testando para ter certeza de que cada ação realizada está em alinhamento com a ressonância e a vida plena pretendida por ele – e não está sendo motivada pelas circunstâncias, pelo medo ou por um sentimento equivocado de obrigação.

Plenitude e valores

Imagine se você pudesse fazer aquilo que lhe dá a maior alegria e a mais profunda satisfação: estar com as pessoas que ama, usar seus talentos naturais e explorar ao máximo seus dons. Isso seria, de fato, plenitude. Plenitude é a fotografia de uma pessoa vivendo de acordo com o que mais valoriza.

O vínculo entre valores e plenitude é tão óbvio que pode ser negligenciado. Ajudar o cliente a descobrir e esclarecer seus próprios valores é uma forma de traçar o mapa para guiá-lo no caminho das decisões que terá que tomar ao longo da vida. Quando você clarifica os valores do cliente, aprende aquilo que faz com que ele funcione melhor: o que é importante e o que não é. Ele descobre o que é realmente essencial para si próprio. Isso ajuda-o a tomar uma posição e fazer escolhas com base no que é a plenitude nos termos de seus próprios valores.

Respeitar nossos valores é inerentemente gratificante, mesmo quando é difícil. Se a autenticidade é um alto valor para seu cliente, de vez em quando ele pode sofrer um pouco para viver de acordo com isso. Quando o desconforto passa, resta uma sensação de integridade e congruência com os próprios valores. Mas, se o valor não for respeitado, ele sente tensão interna e dissonância. Como os seres humanos são flexíveis e resilientes, é possível conviver com muitas dessas incoerências e seguir em frente, mas há um alto preço a pagar: uma sensação de estar vendendo a si mesmo. E o resultado é uma vida desleal e apenas tolerada – em vez de plena e gratificante.

Valores – não moral e princípios

Os valores não são a moral. Aqui não há o sentido de moralidade ou de comportamentos certos e errados. Os valores não se referem ao caráter moral ou ao comportamento ético, embora viver de forma ética possa ser um valor. Tampouco os valores são princípios, como a autonomia e os padrões de comportamento. Os valores são as qualidades de uma vida desfrutada integralmente a partir do interior de cada um. Não há nada inerentemente virtuoso nos valores do seu cliente. O que é para ser admirado não é o valor em si, mas a habilidade do cliente para vivê-lo integralmente em sua própria vida. Quando respeitamos nossos valores e as escolhas que fazemos na vida, temos uma percepção interna de "retidão". É como se cada valor produzisse seu próprio tom especial. Quando vivenciamos nossos valores, os vários tons criam uma harmonia única. Quando não vivenciamos nossos valores, há dissonância. Essa discrepância pode ser tão extrema e chocante que se torna literalmente doentia.

Como nossa linguagem é imprecisa, frequentemente é mais fácil agrupar palavras do que tentar investir toda a força do significado em uma só. Então, agrupamos com barras diagonais algumas palavras para representar um significado composto único. Por exemplo: liberdade/correr risco/aventura é diferente de liberdade/independência/escolha.

Na prática, as palavras não são tão importantes quanto a habilidade do cliente para sentir o impacto de cada valor. Cada valor ou conjunto de valores é exclusivo de cada pessoa. Como nossas características físicas nos dão uma aparência única, a articulação, a priorização e a clareza de nossos valores determinam nossa identidade individual. Não é muito importante que você, como coach, entenda exatamente o que o cliente quer dizer com as palavras que escolher. Basta que o cliente saiba claramente o que a palavra representa para ele; assim, quando se sentir saindo do rumo, a simples leitura dessas palavras o ajudará a reencontrar o caminho. Na verdade, a metáfora específica do cliente ou a expressão usada por ele é quase sempre melhor para captar o sentido de seus valores do que o vocabulário comum a todos nós. Ele pode expressar seus valores em grupos de palavras como os seguintes:

- Coiote/dança louca/encrenqueiro
- Luminoso/veludo/lavanda
- Plateia em pé/vou pra galera/gol de placa

Os valores são intangíveis. Não são algo que fazemos ou temos. Dinheiro, por exemplo, não é um valor, embora enquanto recurso financeiro possa levar ao atendimento de valores como diversão, criatividade, realização, paz mental e servir aos outros. Viagens não são um valor. Jardinagem não é um valor. Mas os dois são exemplos de atividades que respeitam determinados valores, entre eles, aventura, aprendizado, natureza, espiritualidade.

E, apesar de serem intangíveis, os valores não são invisíveis para os outros. Podemos entrar em uma sala repleta de estranhos e perceber o que aquelas pessoas valorizam por suas roupas, como sentam e ocupam o espaço, como e com quem interagem e os temas de suas conversas. Podemos perceber os valores na sala: poder, amizade, intimidade, conexão, independência, diversão e muito mais.

Como *coach*, você será capaz de ajudar seu cliente a esclarecer seus valores, enquanto o escuta falar sobre sua vida, suas ações e as escolhas que fez e que não fez. Você verá quando ele respeita os próprios valores e quando desrespeita, e vocês aprenderão algo com isso. Essa é uma das razões pelas quais retomamos o processo de esclarecimento de valores de tempos em tempos.

O valor do esclarecimento

A maneira mais eficiente de esclarecer valores é extraí-los da experiência de vida do cliente. Peça para descrever os valores que vê praticados em sua própria vida, talvez agrupados, usando as palavras e expressões preferidas por ele. Quase toda situação de vida pode ser utilizada para garimpar valores, mas aquelas que causaram impacto mais forte – positivo ou negativo – são especialmente produtivas. Dessa forma, os valores surgem com naturalidade na vida do cliente, e ele não precisa escolhê-los em uma lista. Quando o cliente é colocado diante de uma lista, a tendência é ele ir às compras: "Seria ótimo ter esse..." ou "As pessoas iam me admirar por esse..." Como nos julgamos por nossos valores, ao fazer uma lista, incluímos aqueles que achamos que devíamos ter – espiritualidade e integridade, por exemplo – e excluímos aqueles que a sociedade não considera tão admiráveis, como poder pessoal e reconhecimento.

Os valores estão presentes ou ausentes em cada escolha que o cliente faz diariamente, o que significa que cada atividade diária tem um vínculo de respeito ou de deslealdade diante de si mesmo. Como coach você deve questionar: "Onde esse valor aparece?", "Que valores você às vezes negligencia?", "Com quais valores você não se compromete?" Assim que o cliente tiver escrito sua lista pessoal de valores, há outro exercício produtivo: peça que classifique os valores de 1 a 10, do mais importante (10) para o menos (1). O resultado desse exercício – a lista com os valores priorizados – não é tão importante quanto o processo. Com certeza, o cliente pode mudar a ordem de prioridade dessa lista de valores a qualquer momento. Apesar disso, esse exercício de priorização força o cliente a sentir as qualidades e a importância única de cada valor. Alguns coaches preparam uma espécie de jogo nesse exercício: "Se você pudesse levar apenas dez valores para uma terra estranha e possivelmente perigosa, quais são aqueles que você faria questão de ter?" Ao elevar os parâmetros, o cliente aumenta também sua consciência a respeito dos valores mais importantes em sua vida.

O próximo passo é perguntar ao cliente como ele está respeitando seus valores em uma escala de 1 a 10, sendo 1 o valor que nunca está presente em sua vida e 10 o que é respeitado diariamente. É quase certeza que haverá valores com notas 4, 5 ou 6 em alguns aspectos importantes da vida de seu cliente – a maioria em áreas em que ele se sente bravo, aborrecido ou ressentido porque um importante valor está sendo ignorado. É uma boa oportunidade de coaching: "Do que se trata?", "O que seria preciso para viver esse valor naquelas circunstâncias?", "Qual é o preço que você está pagando por não respeitar esse valor?" ou "O que está detendo você?"

A capacitação em plenitude

Como você já pôde notar, a plenitude é extremamente pessoal, e também está em constante evolução. O que era gratificante aos 25 anos de idade pode ter perdido a fascinação aos 35; a paixão pelo enriquecimento dos 35 anos pode dar lugar para a busca da paz interior aos 45. É importante ajudar o cliente a desenvolver um quadro claro da vida plena e gratificante hoje. Com esse objetivo, existe um conjunto de maneiras práticas para ajudar o cliente a esclarecer suas definições pessoais do que é plenitude. Depois, você, como *coach*, continua a utilizar essas ferramentas ao longo do relacionamento de coaching para manter clara essa visão do coachee (para mais informações sobre ferramentas específicas, veja a Caixa de Ferramentas do Coach online em http://www.coactive.com/toolkit).

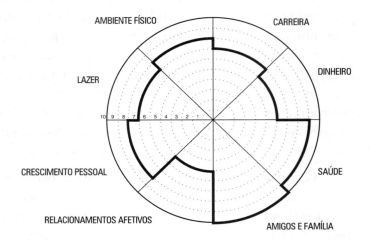

Figura 4 – A roda da vida

Grau de satisfação

Para tirar uma fotografia grande-angular de onde o cliente está em termos de plenitude em determinado dia, a Roda da Vida (veja Figura 4) é um recurso bastante eficiente. Conforme você e o coachee vão olhando para cada área da Roda, discutam o grau de satisfação em uma escala de 1 a 10. Pergunte seu grau de satisfação com dinheiro ou relacionamentos ou saúde e bem-estar, por exemplo. Ou o que seria uma vida plena e gratificante na área da carreira. Observe que você não está perguntando o que o cliente precisa ter para alcançar a plenitude profissional. A pergunta é: *"O que é necessário para se sentir pleno?"* Então, continue a sondar nessa direção. Qualquer que seja a questão que venha à tona, siga o fio da meada: *"O que mais?"* ou *"Me fale mais a respeito..."* A ideia é revelar as camadas mais profundas de significado e, de vez em quando, ir clarificando o que você ouve para devolver ao cliente – assim ele também consegue ouvir o que está dizendo. Por exemplo: "Ouvi você dizer que, quando se trata de dinheiro, você tem um sentido de segurança – ou seja, em caso de emergência você gostaria de ter o suficiente. Parece que a segurança é um valor para você. Está certo?"

Usando a Roda da Viva, ele verá por si mesmo as áreas em que não está em plenitude. Com sua ajuda, o cliente passará pelo processo de definir o que a plenitude significa para ele. Por exemplo: "Em saúde e bem-estar, você disse que seu grau de satisfação é 6. O que é preciso para elevar essa nota de 6 para 10? O que você fará para tornar essa área mais gratificante?"

Valores e decisões

No coaching, os valores ajudam a definir a "correção" das escolhas. Também põem o holofote nas escolhas infelizes. O cliente pode revisar suas antigas decisões para identificar em quais respeitou seus valores e em quais eles foram ignorados. Para você, como coach, conhecer os valores do cliente é uma tremenda vantagem. Rapidamente, você perceberá que tipo de ação será abençoado com uma percepção de fluência e facilidade porque as atividades são congruentes com os valores do cliente. Ao conhecer em que situações os valores do cliente são ignorados, você também poderá identificar o potencial *iceberg* diante do Titanic.

Uma conversa sobre valores pode ser útil em toda tomada de decisão. Conforme o cliente vai fazendo suas várias escolhas, os valores se tornam seu teste indicador da direção a seguir: "Essa ação vai levar você mais perto ou mais longe de seus valores?" ou "Se tomar essa decisão, quais de seus valores estão presentes?" Quando o cliente estiver tomando importantes decisões de vida, pergunte a ele como esse curso de ação vai respeitar os seus dez principais valores e em qual extensão. Uma decisão baseada nos principais valores de uma pessoa sempre levará a situações mais gratificantes. Pode não ser a mais fácil ou a mais agradável. Pode exigir sacrifícios e ter até consequências desconfortáveis. Mas, a longo prazo, o balanço será o mais gratificante e pleno.

Com muita frequência, temos visto exatamente o oposto. Repetidamente, os clientes tomam decisões com base na conta bancária, no medo de gerar desconforto ou preocupados em não desagradar os outros. Decidem buscando a solução mais fácil no momento ou a atitude que causará menos ondas. Decisões desse tipo nunca contribuem para a plenitude do coachee porque eles liquidam a si mesmos e a seus valores (veja a Caixa de Ferramenta do Coach em http://www.coactive.com/toolkit para mais informações sobre a clarificação de valores).

Plenitude e propósito de vida

Fazer uma declaração de propósito de vida é outra forma de capturar a essência do que significa estar vivo na integralidade do ser — viver conscientemente, fazendo escolhas que aumentem o valor da vida para si mesmo e para os outros. Criar uma declaração de propósito de vida é como chegar ao topo de uma montanha bem alta: o cliente vê a própria vida em ampla perspectiva. É preciso responder: *"Qual é a contribuição única que dou à minha família, meu trabalho, minha comunidade?"* e *"Que diferença eu faço com a minha vida?"* Viver seguindo um caminho direcionado por um propósito é profundamente gratificante. Dessa forma, a plenitude vai além da própria pessoa e completa um ciclo que retorna para enriquecê-la ainda mais.

Há muitas maneiras de explicitar o propósito de vida do cliente e há mais de uma forma para descrever essa definição do que é a vida para nós. Alguns denominam isso de declaração da "missão" ou declaração da "visão". É o cerne do que será o legado de vida de uma pessoa – a diferença que a vida dela fará no planeta.

O propósito de vida é uma trajetória, não, um lugar ao qual se chega. E, ao longo do caminho, o cliente encontrará muitas vozes – internas e externas – dizendo a ele para seguir em outras direções. De vez em quando, ele vai ouvi-las, especialmente quando duvidar de seu propósito. Encontrar e declarar um propósito de vida dá ao coachee um poderoso sentido de direção de vida.

A verdade que sente na declaração de propósito de vida o torna praticamente indesviável.

A definição do propósito de vida de uma pessoa é um processo que, em geral, requer tempo. Pode envolver muita reflexão, leituras, redação de um diário ou entrevistas com outras pessoas. Encontrar a declaração que soa real exige remover muitas camadas até que o cliente chegue a uma que enderece a questão central de sua vida: "Qual é a fome que está aqui para eu saciar?", "Onde está a dor que posso aliviar?", "Qual é o ensinamento que estou sendo chamado a oferecer?" e "Qual é o edifício que tenho as ferramentas para construir?"

O propósito de vida envolve a utilização dos talentos assim como a aplicação dos aprendizados únicos, da experiência e da sabedoria de cada um. Uma vida gratificante é aquela que o cliente desfruta com propósito – conscientemente, não por acidente (um conjunto de exercícios na Caixa de Ferramentas do Coach online foi estruturado para ajudar os clientes a esclarecer a declaração de propósito de vida).

A declaração do propósito de vida é valiosa no coaching porque foca a atenção em uma vida integral, repleta de energia e desfrutada em plenitude. O processo de coaching que passa pela criação de uma declaração de propósito pelo cliente é rico em autodescobertas, esclarecer de valores e visão. O cliente é desafiado a utilizar todos os talentos que recebeu da vida. Também é uma oportunidade profícua de confirmação quando ele toma a decisão – às vezes, difícil – de seguir seu propósito em vez de optar pelo caminho mais fácil. De fato, viver com propósito e significado é uma rara conquista e, de algum modo, é a própria definição de plenitude.

Dissonâncias

Quando você respeita seus valores com regularidade e consistência, pode dizer que tem a fórmula para ser feliz para sempre.

Sendo assim, por que não respeitamos nossos próprios valores o tempo todo? Existe uma centena de variantes para responder essa boa pergunta. Um ponto comum é que o medo é mais forte do que o desejo de plenitude. Esse medo, que leva à autossabotagem, surge em uma porção de disfarces.

Se o cliente não faz escolhas com base em seus próprios valores, então, o efeito será alguma forma de dissonância. Pode ser frustração, desmotivação, indiferença, raiva, resignação ou a persistente justificativa de um curso de ação que mais parece autossabotagem ou martírio. Como coach, você será capaz de perceber isso no ar. Pode ser o cheiro acre do medo ou a fragrância floral das racionalizações. Como o coach utiliza a consciência de Nível 3, você sentirá a dissonância nas entrelinhas. Pode ser uma perturbação energética – algo ali não está muito bem.

O cliente pode acreditar que essa voz está tentando protegê-lo do perigo, da perda do relacionamento ou de algum outro tipo de catástrofe. A voz existe para mantê-lo afastado de riscos desnecessários, mas costuma ser excessivamente cautelosa quando se trata de correr riscos em favor da mudança e de uma vida mais gratificante e plena. Essa voz dissonante é a voz do sabotador interno. É essa mesma voz que declama uma ladainha de julgamentos, regras e convicções caducas. Ela faz afirmações do tipo: "Você não está se esforçando o bastante" ou "Você já devia ter chegado mais longe na carreira" ou "Você não foi bem nas provas" – você não é bastante inteligente, atraente o bastante, rico o bastante, experiente o bastante, sênior o bastante... isto é, você não é o bastante. Ou pode ser o oposto: você é muito velho, muito careca, muito deselegante, jovem, agressivo, introvertido, extrovertido... você é exigente.

A maior parte do tempo, essa voz opera em silêncio nos bastidores, influenciando as escolhas e defendendo seu curso preferido de ação e inação. Fique atento porque toda vez que uma pessoa toma a iniciativa de mudar a própria vida, toca um alarme e o sabotador acorda. Conte com isso. Você pode até mesmo alertar previamente seus clientes.

A plenitude e o papel do coach

A plenitude soa tão bem e, como uma excelente refeição, satisfaz, é saborosa e, por fim, realmente alimenta. Mesmo assim, o caminho da plenitude poder ser difícil, desconhecido e assustador para o cliente. Escolher viver de acordo com os próprios valores não é algo que a sociedade nos ensina. Não é o mais simples e o já conhecido. A maioria de nós aceita o que é possível ter. Fazemos escolhas com base no que querem os outros, no que será mais fácil, naquilo que pode causar menos desconforto. Nós toleramos. Fazemos concessões. Desistimos. Não é uma tarefa fácil manter-se no rumo da plenitude, mesmo depois de haver escolhido esse caminho. É por isso que enfatizamos que a opção por uma vida plena e gratificante é uma atitude radical.

O papel do coach é desafiar o cliente a continuar buscando sua plenitude, apesar das circunstâncias, das muitas vozes em volta dele dando maus conselhos e seguindo interesses contrários e também de seu sabotador interno. Mesmo quando o cliente não quer chegar até esse ponto, o trabalho do coach é estar à frente, encorajando, indicando o caminho de uma vida plena, uma vida valiosa e sem arrependimentos. Lembre-se de que a Agenda com "A" maiúsculo é o cerne de todas as escolhas mais gratificantes que o cliente poderá fazer. Qualquer que seja o resultado que o cliente alcance com seus planos e metas, essa é a verdadeira satisfação dele e do coach que o atende: que ao final do dia haja mais vida em cada dia.

Capítulo 9

Equilíbrio

No modelo do Coaching Coativo, o equilíbrio é um dos três princípios fundamentais porque é crucial para a qualidade de vida. Pelo menos, se você perguntar, é isso que os clientes vão lhe responder. Repetidamente, eles nos dizem que querem mais equilíbrio em suas vidas. A questão do equilíbrio existe em dois níveis: a qualidade de vida subjacente e a experiência vivida no dia a dia.

No grande quadro, a plenitude se refere a uma vida com valor, propósito e significado e o equilíbrio é a escolha de uma vida em que as ações estejam alinhadas com essa visão poderosa. Quando se trata de equilíbrio, o que o cliente quer é a habilidade de fazer malabarismos com as preciosas prioridades de sua vida. Ele quer mais ferramentas para lidar com suas atividades e relacionamentos para que tudo se alinhe e avance. O cliente deseja ter mais poder sobre si mesmo e ficar menos à mercê das circunstâncias e das expectativas e demandas dos outros. Quer sentir que faz escolhas de vida e não apenas reage aos fatos, mas, necessariamente, não considera que todas as áreas devem ter o mesmo peso. No equilíbrio, não se trata de deixar tudo igual.

O equilíbrio também não deve ser confundido com atingir definitivamente um determinado estado mental. Na vida, não há um ponto estático, pois ela é inerentemente dinâmica. Nós estamos constantemente equilibrando as peças. O equilíbrio não é diminuir o ritmo, embora em alguns dias esta possa ser a receita. O equilíbrio não é a máxima simplificação; porém, classificar as áreas da vida dizendo "sim" para umas e "não" para outras pode ser a maneira ideal para criar um fluxo gratificante. Em poucas palavras, o que a maioria dos clientes quer não é ir mais depressa ou mais devagar e nem ter mais ou menos; é dar um passeio gratificante pela vida com o suporte seguro de uma visão de plenitude. Como ele consegue dar esse passeio é o objetivo da capacitação no princípio do equilíbrio. Observe que alguns clientes desejam um passeio calmo e tranquilo, enquanto outros querem a alegria de uma viagem agitada – pelo menos, de tempos em tempos – e a capacitação no princípio do equilíbrio também pode ajudá-los a fazer essa escolha.

Dia a dia

Dito isso, é pouco provável que o cliente chegue ao coaching, tendo "uma vida mais equilibrada" no alto de sua lista de prioridades. Não é nisso que a atenção dele está. Ele está focado nas questões que lhe dão um soco no queixo diariamente ou toda semana: o emprego chato, o projeto estacionado, a temida reunião familiar, a dívida no cartão de crédito e o novo relacionamento. O cliente dá atenção ao que está em ação na sua vida, especialmente naquelas áreas em que não obtém os resultados desejados. Afinal, é por isso que ele está trabalhando com um coach: para alcançar os resultados.

É comum que ele se veja bloqueado, em uma encruzilhada ou em um beco sem saída ou até mesmo sem alternativas. Ele pode se sentir conformado, derrotado ou simplesmente frustrado e confuso. Às vezes, também se sente impotente, perdido ou preso em um ciclo repetitivo. Na ânsia de ajudá-lo a seguir em frente, você, como coach, pode ser tentado a dividir o problema em partes menores e buscar as soluções em um *brainstorming* com o objetivo de atingir os resultados mais depressa e deixar para trás todo aquele peso. Em vez disso, a capacitação no princípio do equilíbrio começa pelo modo com que o cliente olha para a situação – a necessidade de adotar ações diferentes não é o ponto de partida. Com frequência, o ponto de vista do coachee é o principal fator de contribuição contra os sentimentos de bloqueio, paralisia e inação.

A capacitação no princípio do equilíbrio é estruturada para restaurar o fluxo, fazer o cliente entrar em ação em relação às questões atuais, trazendo-o de volta a um alinhamento e ao controle de sua própria vida. Essa capacitação começa por olhar as caixas onde ele se encontra, pois é a limitação desse espaço que o impede de progredir. Ao fazer isso, restaura imediatamente a ação nessas áreas e, durante o processo, aprende lições importantes de como criar mais fluxo em sua vida. Ele se torna adepto da identificação das amarras e a experiência de conseguir rompê-las serve em outras áreas também. É assim que a capacitação em equilíbrio funciona para a Agenda com "A" maiúsculo. Quando o cliente reconhece que tem o poder de escolher, ele se empodera e passa a fazer escolhas conscientes em todas as áreas de sua vida.

Circunstâncias *versus* possibilidades

Existem sempre razões para o cliente não estar alcançando os resultados que deseja. Apenas ouça e ele contará para você. Quase sempre essas razões soam realistas e convincentes. Então, ouça mais profundamente e você vai começar a escutar um tom específico ou um sabor que acompanha cada uma das razões e racionalizações que ele faz. Você vai ouvi-lo falar sobre situações difíceis e circunstâncias desfavoráveis. Vai escutá-lo contar sobre prazos rígidos e expectativas e sobre pessoas inflexíveis e sem disposição. Pode soar, ou não, como reclamação, mas o raciocínio pode parecer bem normal e compreensível.

No princípio da plenitude, você sintoniza o ouvido para escutar a vivacidade de valores sendo praticados, respeitados e celebrados, mas também pode ouvir o oposto: apatia, raiva e irritabilidade. No equilíbrio, você ouvirá um fluxo de vida repleto de possibilidades e alternativas de ação, liberdade ou criatividade, ou escutará a dureza das circunstâncias imutáveis e das amarras sem recompensa. Descrevemos essas distinções entre plenitude e equilíbrio com cores claramente diferentes, mas isso não implica que se apresentem assim durante as sessões de coaching. Seria bem fácil distinguir entre vermelho ou azul, ou entre amarelo e verde, mas as sombras da emoção não permitem que a comunicação da plenitude e do equilíbrio seja assim tão óbvia. Como você verá adiante, ter certeza não é crucial para o coaching do equilíbrio. Você se move em uma direção, revela mais e recebe mais *feedback* do cliente, dança o momento com ele e, então, segue em frente ou muda de direção. No coaching do equilíbrio, ouvimos o cliente falar sobre a aspereza das circunstâncias inevitáveis e das perspectivas limitadas.

A fórmula da capacitação em equilíbrio

A fórmula para ajudar o cliente a avançar da paralisia para as possibilidades e das possibilidades para a ação tem cinco etapas: (1) perspectivas, (2) escolha, (3) estratégia Coativa, (4) comprometimento e (5) ação.

Etapa 1: Perspectivas

O primeiro passo da capacitação no princípio do equilíbrio é identificar as perspectivas do cliente e, então, ampliar as que estão disponíveis. É uma tarefa bem mais árdua colocá-lo em ação a partir de uma perspectiva estagnada do que de uma com fluxo e *zoom*.

Como seres humanos, nossa tendência é limitar o possível àquilo que acreditamos ser verdade e, se o cliente não vê esperança para a situação, será muito difícil criar as condições para a mudança. Afinal, ele já recolheu evidências que confirmam essa visão negativa e pode lhe dizer com absoluta certeza que a situação é realmente um beco sem saída. A perspectiva pode ser firme e, com frequência, tem um raciocínio bem desenvolvido, mas ainda assim é uma caixa limitadora. É comum o cliente demonstrar uma maneira habitual de pensar sobre determinadas situações. É a tendência de aplicar o mesmo pensamento rígido em questões específicas, colocando camada sobre camada ao longo do tempo até que o raciocínio pareça verdadeiro, imutável e óbvio. Caso encerrado.

Quando assumimos uma perspectiva em determinado assunto, formamos uma opinião, uma convicção e também pressupostos e expectativas. Fazemos previsões com base nessas suposições que pertencem à perspectiva. Acreditamos que podemos prever um resultado porque "é assim que tudo sempre foi" e é apenas "o jeito que é". A perspectiva é um filtro poderoso que nos permite ver somente alguns aspectos de uma questão. Quando algo não faz parte da perspectiva é inválido, simplesmente invisível ou pode ser considerado fora do alcance. Os estereótipos são um tipo de perspectiva, uma maneira habitual de olhar para as pessoas e limitar suas possibilidades: todo mundo que está dentro daquela caixa é igual e as expectativas e pressupostos são as mesmas para todas elas.

A perspectiva do cliente exclui a possibilidade de fluxo, embora essa seja apenas uma maneira de olhar para a situação. É por isso que a capacitação no princípio do equilíbrio começa pela busca da perspectiva limitadora e, em seguida, da sua identificação. Assim que for possível nomeá-la, o coach pode trabalhar com o cliente para desenvolver perspectivas alternativas, que sejam mais engenhosas e criativas, oferecendo mais possibilidades de ação.

É possível gerar mais perspectivas simplesmente perguntando ao cliente: "Qual seria outra forma de olhar para isso que funcionaria para você?" Você também pode fazer um *brainstorming* em busca de metáforas e imagens, que forneçam material criativo para a geração de perspectivas adicionais. Por exemplo: "Como alguém com cinco anos veria isso?" ou "Qual é a perspectiva positiva?" Ou talvez você possa escolher um dos valores do cliente: "A aventura é um valor importante para você. E se você olhar para isso como uma grande aventura?"

Geografia. Imagine-se colocando um objeto no meio de uma sala – pode ser um tipo de escultura, por exemplo. Agora, imagine-se andando ao redor do objeto, olhando para ele de uma grande variedade de ângulos. Cada perspectiva dá a você um pouco mais de informação sobre o objeto. Trabalhar as perspectivas tem esse efeito. Porém, conforme você muda de perspectiva para perspectiva, percebe mais do que as diferenças visuais. O que descobrimos é que cada perspectiva é um mundo em si, com uma paisagem diferente, um clima diferente e diferentes regras para os comportamentos esperados. O que pode ser normal em uma perspectiva/mundo não é normal em outra. Quando exploramos com o cliente as condições próprias de uma dada perspectiva, estamos olhando para a geografia do mundo. Existe uma língua nativa naquela perspectiva. Haverá regras culturais e papéis bem definidos. E haverá também uma postura esperada – às vezes, bem clara –, porque as pessoas incorporam a perspectiva de suas vidas e a retratam fisicamente em seus corpos.

Considere essa perspectiva: "Um passeio pelo campo é um glorioso abraço na natureza." Existe um tom na linguagem. Você praticamente pode sentir o odor da fragrância campestre e ouvir os sons da natureza com essa perspectiva. E, caso você deixe seu corpo representá-la, sua postura vai incorporar as atitudes e crenças inerentes a essa perspectiva. Observe como tudo muda dramaticamente a partir de uma perspectiva diferente. Considere agora essa outra perspectiva: "Um passeio no campo é perigoso, desordenado, escorregadio e cheio de insetos; uma tremenda perda de tempo." Perceba como mudou o tom da linguagem. A postura corporal também será outra para refletir as diferentes atitudes e crenças. Até mesmo o cheiro é diferente.

Essas são apenas duas perspectivas diferentes sobre um passeio no campo. Nenhuma delas está certa ou errada, embora quem defenda uma delas estará bem ocupado coletando evidências para apoiar seu ponto de vista. Por isso, estará pronto para insistir persuasivamente de que a perspectiva dele é a correta, a única que é verdadeira.

O assunto é... O exemplo do passeio no campo também indica a importância de se ter um assunto claro para a perspectiva.

Precisamos de um tópico específico e identificável para levar em consideração, como a escultura que você imaginou colocar no meio da sala. O assunto pode ser uma situação, uma decisão que precisa ser tomada, um evento ou uma categoria de eventos. Pode ser uma ação cogitada ou uma oportunidade. Pode ser um relacionamento do cliente com outra pessoa ou o relacionamento dele com algo específico como uma dívida, uma doença ou a tecnologia. Perceba que é mais fácil trabalhar perspectivas quando o assunto é mais específico, nem que envolva relacionamentos. Em si mesmo, o tópico não é positivo, nem negativo. A reação do cliente à questão revela uma perspectiva, que já apresenta suas emoções e julgamentos.

Etapa 2: Escolha

Jogar com as perspectivas envolve explorar o rico território e a geografia de cada área do mapa. Você pode ter clientes em diferentes posições na sala, incorporando diferentes perspectivas, experimentando-as como a um terno para sentir um pouco da atmosfera e da linguagem de cada uma. No final, o cliente terá que escolher uma delas – uma das que vocês vêm cogitando, uma combinação de várias delas ou até mesmo uma inteiramente nova que surgiu do processo de exploração.

Na nossa fórmula, a escolha é mais do que decidir por determinada perspectiva. Estar atento às escolhas é estar consciente do poder de escolher. É crucial que o cliente sinta absoluta e inequivocamente que está no comando de suas escolhas – e não o coach. Uma parte também reveladora do processo para os dois é como o ele faz sua escolha. O cliente escolhe rapidamente? Impulsivamente? Há muita análise ou estabelece um sistema complexo de comparação e decisão? Essas informações formam um contexto valioso para você, como *coach*, pois lhe mostra como o cliente lida tipicamente com o processo de tomada de decisão.

Etapa 3: Estratégia coativa

Em nossa abordagem de capacitação no princípio do equilíbrio, esse passo forma uma ponte entre consciência e ação. A estratégia Coativa reconhece que agir é mais do que estar em atividade e, por isso, inclui a atitude e o estado emocional que motivam e dão suporte às ações.

Consistente com o princípio do equilíbrio, nós começamos pela ampliação do leque de possibilidades para que a escolha da ação venha de um lugar vívido. Abrimos as possibilidades para criar um conjunto de opções de ação grande e variado. Essa é uma etapa conscientemente expansiva que enfatiza a criatividade. A habilidade de *brainstorming* é uma maneira de gerar ideias e opções, mas, não importa a forma criativa assumida pelo processo, a tarefa do coach é encorajar o cliente a chegar ao limite de suas possibilidades, indo além das alternativas já familiares. Nessa fase de expansão, a intenção é redefinir o significado de "possível" – fora das velhas fronteiras e deixar para trás o que normalmente era considerado "realista". Com bastante frequência, a ideia do que é "realista" também é um resquício da perspectiva dentro da caixa.

Identificado o rico universo de ações possíveis, a etapa seguinte é reduzir a lista. É mais uma escolha da capacitação no princípio de equilíbrio e se constitui em uma oportunidade para verificar – outra vez – se o curso considerado para ação levará realmente a mais fluxo. Um dos fatores a observar aqui é o que chamamos de Síndrome do Plano Otimista Demais. Sim, o coach deve encorajar a geração de uma abundância de possibilidades e ajudar o cliente a criar o fogo motivacional que o empurra em direção à ação. Mas agimos assim para ampliar o leque e não para esgotar o cliente. Então, verificar e fazer uma escolha consciente são importantes na estratégia Coativa. Existe, na verdade, um ponto de equilíbrio entre o possível e o que resultará em mais fluxo. Não é uma fórmula perfeita; é por isso que acrescentamos aprendizado à ação enquanto o cliente segue em frente.

Em última instância, a tarefa do coach é ter certeza de que há movimento nas questões que o cliente trouxe para a sessão. Reduzir a lista de ações é a etapa que leva a conversa para a realidade. No coaching, não basta ter conversas realmente boas, profundas e incrivelmente criativas sobre as questões e a vida do coachee. É essencial que o cliente entre em ação e faça algo se tornar real no mundo – para que ele possa ver e registrar o fato (A Caixa de Ferramentas do Coach online http://www.coactive.com/toolkit inclui uma variedade de estratégias e recursos de planejamento).

Etapa 4: Comprometimento

Uma das principais questões dos coaches é a seguinte: *"O que sustenta a mudança ao longo do tempo?"* Sabemos que quase sempre o cliente está disposto a escolher novas direções; é assim que ele vai além do beco sem saída ou da divagação sem meta. Mas, quando ele afinal encontra a própria estrada, o que o mantém no rumo? A energia do comprometimento é uma das respostas.

Além da escolha. – Traçar uma estratégia – mesmo na abordagem coativa – pode ser apenas outra atividade cerebral. A ênfase está em pensar sobre como tudo pode ser diferente e como alocar os recursos e calcular os prós e os contras das alternativas de ação. A estratégia pode se transformar em um exercício intelectual e se tornar externa ao coachee. Como *coach*, você quer que essa estratégia recém-descoberta esteja vívida dentro do cliente, nos ossos e músculos dele e não apenas no cérebro – onde a menor distração pode deslocá-la. Portanto, antes de convidar o cliente a entrar em ação, esteja certo de que ele realmente está comprometido com o próprio plano.

As pessoas conquistam força e resolução misteriosas quando assumem um compromisso. O comprometimento vai além de fazer uma escolha. Fazemos uma escolha entre lasanha e espaguete; assumimos um compromisso com outras pessoas, com a vida, com um plano de ação. O comprometimento significa que não há retorno. Esse é o momento em que você traça uma linha no chão e pede ao cliente para que entre em um novo território: "Você se compromete com esse plano e com as ações? Você vai cumpri-lo?" Até esse momento, o cliente pode estar apenas brincando com você. É provável que ele mude ao perceber que está se comprometendo com uma nova maneira de operar no mundo. Então, você pergunta: "Você está comprometido com esse plano?" Essa pergunta dobra a aposta. Não estamos mais falando sobre perder dez reais ou quitar o saldo do cartão de crédito no final do mês; estamos falando sobre assumir o controle da própria vida. De fato, esse ato de comprometimento é tão poderoso que, às vezes, o coach pede ao cliente para que realmente trace uma linha no chão – real ou imaginária. E, a seguir, respire fundo e, quando estiver pronto, dê um passo cruzando a linha. Mas somente quando ele estiver verdadeiramente pronto para assumir esse comprometimento.

Sim e não. As palavras "sim" e "não" estão entre as mais simples de qualquer língua. Dependendo do contexto da pergunta, no entanto, elas também podem ser as palavras mais difíceis de dizer em voz alta para o mundo inteiro ouvir. Quando o cliente está se preparando para assumir o compromisso com uma ação, ele deve escolher entre dizer "sim" para seu plano e "não" para qualquer outra proposta.

No contexto do comprometimento, essas palavras são como um enorme sino, reverberando na vida do cliente. Aquele "sim" para uma simples ação é um "sim" para um compromisso muito mais profundo, uma promessa e até mesmo uma maneira mais consciente de estar na vida. Dizer "não" para uma simples ação é mais do que simplesmente tirá-la de uma lista. Com frequência, isso significa dizer "não" às velhas crenças ou antigas expectativas, "não" à autossabotagem, "não" à maneira habitual de reagir às demandas dos outros. Como coach, ouça a profundidade dos "sim" e "não" ditos por seu cliente. Você pode até mesmo pedir que ele participe desse exercício de "sim" e "não" por um período de tempo, como forma de deixar bem claro o rumo das escolhas que está fazendo. Por exemplo: "Recentemente, na sua vida, para o que você está dizendo 'sim' e para o que está dizendo 'não'?" ou

"No seu relacionamento afetivo para o que você anda dizendo 'sim' e para o que diz 'não'?"

Etapa 5: Ação

No processo de coaching, a ação não acontece durante as sessões. Sob o ponto de vista do coach, isso é uma espécie de alívio, porque limita a pressão para que ele seja brilhante, perfeito ou transformador. A verdadeira ação do coaching acontece na vida do cliente, na atividade que ele realiza – ou não realiza – no intervalo entre as sessões. É aqui que está a força. Sem a ação, a capacitação no princípio do equilíbrio está incompleta, resumindo-se a uma agradável conversa sobre diferentes pontos de vista. A etapa da ação na vida do cliente o mantém motivado e em movimento.

Na sessão seguinte, o coach verifica o progresso, explora o que funcionou e o que não deu certo e revisa o que o coachee aprendeu. Você, como coach, vai trazer à tona o que o cliente quer incluir na própria vida a partir desse ponto, enquanto ele avalia as circunstâncias e possibilidades para fazer escolhas cada vez mais gratificantes.

Exemplo de diálogo

COACH (depois de ouvir o relato sem nenhum entusiasmo do cliente a respeito de um determinado projeto no trabalho): Imagino que você acreditou que fosse estar mais motivado com esse projeto do que você está.

Cliente: Isso é eufemismo. Eu achei que iria fazer parte do mais criativo dos projetos, participar do *crème de la crème*.

COACH: E não é bem assim.

Cliente: Não. Definitivamente, não é *la crème* de nada. Aveia, eu diria. O velho e bom mingau de aveia.

COACH: Parece que você já está pelas tampas com esse mingau de aveia.

Cliente: É, não vou chegar rápido a lugar nenhum. Com metade das pessoas deixando o projeto de lado para fazer outras coisas e um gerente que não está nem um pouco preocupado em dar prioridade àquilo, estou bem desmotivado.

COACH: Bom, aí está você na perspectiva do mingau de aveia, olhando para o projeto. Como é o ar nessa perspectiva?

Cliente: Ar? Parado. Velho. Rançoso.

COACH: É difícil estar muito motivado nesse lugar.

Cliente: Diria que sim.

COACH: Quer tentar olhar para isso de uma maneira diferente?

Cliente: Claro. Qualquer coisa seria uma melhora.

COACH: Então, qual poderia ser uma perspectiva diferente?

Cliente: Bem, poderiam ser as férias de verão. Sabe, não é? Folga na escola, nada de professores e nem de livros.

COACH: Bom. Qual é o tema dessa perspectiva?

Cliente: Liberdade. Posso fazer qualquer coisa que eu queira.

COACH: OK. Vamos manter isso em mente enquanto seguimos adiante. Desenhe um círculo e divida em oito partes, como as fatias de uma pizza. Coloque "mingau de aveia" em uma fatia e escolha outra para chamar de "férias de verão". Entendeu?

Cliente: Sim.

COACH: Qual poderia ser outra perspectiva?

Cliente: Não sei muito bem.

COACH: O que você adora fazer?

Cliente: Tenho uma oficina em casa onde faço pequenos trabalhos em madeira. É um *hobby*. Isso me relaxa. Gosto de trabalhar com as mãos.

COACH: Parece que você tem uma percepção clara dessa perspectiva.

Cliente: Ah, sim. Posso quase sentir o cheiro da madeira.

COACH: Como poderíamos chamar essa perspectiva?

Cliente: Vamos chamar apenas de oficina – é criativo, gratificante e útil.

COACH: De que outra maneira nós poderíamos olhar para aquela situação no trabalho? (O cliente encontra mais algumas perspectivas, incluindo uma que ele chama de "biblioteca". O coach e o cliente exploram as características das diferentes perspectivas.)

COACH: Olhando para minhas anotações, vejo que falamos sobre seis perspectivas, sete se incluirmos a original sobre o mingau de aveia. Qual deles você escolhe?

Cliente: A biblioteca.

COACH: E o que há na perspectiva da biblioteca que atrai você?

Cliente: Bem, queria que esse projeto estivesse indo adiante a toda velocidade com essa equipe realmente ótima de profissionais criativos atuando juntos. Mas já sabemos que isso não vai acontecer no curto prazo. O que poderia, então, ser realmente interessante é me aprofundar no assunto. Eu tenho tempo. Gosto da biblioteca como metáfora porque é um lugar tranquilo. É voltada para o estudo e tem muito material a ser explorado. Ninguém vai me aborrecer ali.

COACH: Ótimo. Agora que você está na biblioteca, olhando para o projeto, quais são as opções? O que você pode fazer com seu tempo?

Cliente: Há alguma pesquisa on-line que eu gostaria de fazer... dois livros que tenho que encomendar... e ainda não fiz isso. E tem um cara na Irlanda com quem gostaria de trocar ideias. Ele está envolvido em um projeto semelhante – e nós já falamos por e-mail há alguns meses... Também haverá uma conferência sobre o assunto acontecendo em dois meses – acho que posso ver se a empresa financia a minha viagem...

COACH: Muitas opções. O que seria um passo a mais para você?

Cliente: Escrever e publicar um artigo sobre o assunto seria mais um passo.

COACH: Para o que você vai dizer "sim"?

Cliente: Vou dizer "sim" para assumir o controle do meu tempo. Vou dizer "sim" para capitalizar essa oportunidade. Vou dizer "sim" para tornar essa perda de tempo um benefício real na minha carreira – estando disposto a ser um bom colega de profissionais que eu admiro –, em outras palavras, conquistar novas credenciais profissionais.

COACH: E para o que vai dizer "não"?

Cliente: Bom, é óbvio. Digo "não" aos choramingos e reclamações de que não estou jogando do jeito que eu queria. Mas, mais do que isso, digo "não" àquela horrorosa sensação de desamparo.

COACH: Quão comprometido você está com a redação daquele artigo?

Cliente: Muito. Precisa ser realmente muito interessante para me abrir todo tipo de outras possibilidades.

COACH: Bom. Para você, o que está incluído nessa percepção de comprometimento?

Cliente: Estou comprometido com algum tipo de ação.

COACH: Estava para lhe perguntar: sobre o que gostaria de prestar contas entre essa sessão e a próxima na semana que vem?

Cliente: Um rascunho do artigo. Tenho que fazer a pesquisa de que lhe falei – pelo menos, uma boa olhada em alguns pontos – e já vou saber o que abordar. Mas consigo traçar um rascunho em linhas gerais.

COACH: Então, está bem. Minha demanda é a seguinte. Você me envia uma cópia do rascunho por e-mail um dia antes da nossa próxima sessão. Você fará isso?

Cliente: Deixa eu anotar na agenda. OK, eu farei isso.

Encontrando o equilíbrio

O propósito da fórmula da capacitação no princípio do equilíbrio, nessa abordagem, é colocar o cliente em ação. Como um esquiador de *slalom*, descendo a montanha em velocidade vertiginosa, mas fazendo cada curva com precisão, vivemos em ação e estar no limite é uma maneira emocionante de vivenciar o movimento. Caso a imagem do esquiador na montanha de neve seja um pouco excessiva para você, o mesmo ponto se aplica ao patinador no gelo ou ao dançarino. Graça e desempenho são o ponto de equilíbrio para o aprendizado da realização do que é possível, enquanto se mantém o controle sobre a própria vida.

E, ainda assim, o coach ainda não estará servindo aos seus clientes. Atender aos interesses deless não é simplesmente adicionar mais ação à vida dele. A capacitação no princípio da plenitude ajuda a identificar quais ações são consistentes com os valores do cliente. A capacitação no princípio do equilíbrio incentiva a escolha do fluxo, um modo de equilibrar prioridades, expectativas e perspectivas nas questões que o cliente traz para as sessões. O uso dessa palavra não implica em suavidade gélida. Talvez você queira trocar "fluxo" por "passeio", porque a meta do coach é ajudar o cliente a assumir o controle de seu próprio passeio pela vida. A ação que ele empreende com base no princípio do equilíbrio visa ao grande cenário e a uma vida de escolhas gratificantes.

Capítulo 10

Processo

Em geral, o cliente busca o coaching para passar a agir de forma diferente ou para fazer algo de maneira diferente. Ele quer definir metas, traçar planos, entrar em ação e usar a responsabilização do coaching para se manter no caminho. O cliente quer estar em movimento, não paralisado. Portanto, uma grande parte do foco do coach é mantê-lo avançando, ajudando-o a vislumbrar o futuro dourado e a trajetória que vai levá-lo até lá. O coaching tem o atributo de avançar com o aprendizado, manter os pés em movimento e as mãos trabalhando. Mesmo assim, na abordagem do Coaching Coativo, nós consideramos que a vida é mais do que uma porção de tarefas cumpridas. Nosso foco está na experiência de vida do cliente e não na lista de ações concluídas. De fato, acreditamos que o clientes quer realmente desfrutar a jornada da vida, saborear e apreciar cada momento ao máximo.

Geralmente, a plenitude e o equilíbrio são focados no movimento de seguir adiante. O coach e o cliente estão atentos ao que acontece na vida exterior e podem ver os resultados. O coaching que enfatiza o movimento de avançar é focado, diretivo e consciente. Isso se refere à geração e à criação. A orientação para a ação tem sempre a firme determinação de fazer algo acontecer – o cliente olha à frente e há energia e ímpeto disponíveis.

A capacitação no princípio do processo está focada na experiência interna, no que está acontecendo no momento. A meta é aumentar a habilidade do cliente de estar mais atento e ser capaz de nomear o momento. Na capacitação no princípio do processo, a característica qualitativa é a expansão do presente, ser curioso nessa área, reduzir o ritmo para explorar e apreciar o momento. Às vezes, a mudança mais importante ocorre internamente e pode ser preciso que aconteça antes de a transformação externa se realizar. Viver no momento mergulha o cliente no fluxo da vida, no aqui e agora. O sentimento é de expansão, como chegar ao ponto mais alto de uma montanha ou descer ao lugar mais profundo do vale.

A combinação entre ir a algum lugar e intensificar a experiência e o espectro integral da vida. Estar presente expande a consciência, conduz a pontos altos e baixos mais ricos e consistentes, que são a medida de uma vida vivenciada integralmente. Essa é a versão da capacitação em processo para a Agenda com "A" maiúsculo do cliente: uma vida integralmente expressa e vivenciada a cada momento.

O que é o processo?

A capacitação no princípio do processo põe foco no ponto que o cliente está agora. Imagine a vida como um rio com seu fluxo ao longo do tempo. Em um lugar, ele é calmo e estável. Então, há as corredeiras. E também as cachoeiras. Existem desfiladeiros e turbilhões, represas e pântanos. O rio da vida repentinamente se estreita e as águas ficam mais velozes. O processo se refere a ser completamente atento e presente em qualquer ponto do rio em que você esteja hoje: seja boiando de costas para aproveitar o sol e o céu ou revirando-se no caos das águas rápidas. O cliente tem seus planos e sonhos e, de vez em quando, não gosta de onde se encontra no rio. Mesmo assim, quando você está na corredeira, a única opção é estar na corredeira. Você pode desejar não estar ali, mas ali é onde você está. Quando você está ocupado, traçando planos futuros, você também está no presente. Você está no processo da sua vida. Neste momento. Exatamente agora.

O coach e o processo

Imagine o rio em uma tarde luminosa. O sol reflete-se na água e as gotículas brilhantes praticamente cegam nossa visão. Como em um rio, é fácil distrair-se com a atividade na superfície da vida. A ação pode ser estonteante. Mas, quando você olha para o rio usando um filtro de polarização, você retira as gotículas faiscantes e vê o fluxo da água. Essa é a tarefa do coach – perceber as correntes sob a superfície. Na capacitação no princípio do processo, você afina os ouvidos para escutar abaixo da superfície, procurando algo que se agita e parece fora do lugar, inconsistente, algo que seja resistência ou uma turbulência inesperada. Para você, esse é o sinal de que existe uma corrente subterrânea que está obstruindo o fluxo do rio. Você percebe isso ouvindo atentamente no Nível 3 e, sendo coach, fica curioso. Com bastante frequência, há ali algo de que o cliente não tem consciência ou está evitando.

A capacitação em processo

Em última análise, como coach, nosso objetivo é ajudar o cliente a criar o trabalho e a vida que ele quer. De certo modo, estamos sempre focados em avançar e vislumbrar o futuro. No entanto, nem sempre o caminho mais curto entre dois pontos é uma linha reta. Às vezes, pode ser uma curva, como mostra o processo em forma de "U" apresentado na Figura 5. De vez em quando, a melhor maneira de avançar é aprofundar antes a experiência. Ou, como você verá mais adiante, isso pode significar elevar a experiência antes, simplesmente virando a curva em forma de "U" de ponta cabeça.

O fluxo da capacitação no princípio do processo tem sete etapas: (1) o coach nota a turbulência sob a superfície e a nomeia, (2) o coach explora o tema, (3) o cliente vivencia, (4) uma mudança acontece, (5) a energia se abre, (6) o cliente tem acesso a novos recursos e (7) o movimento ocorre.

Etapa 1: O coach nota a turbulência sob a superfície e a nomeia

Ao escutar no Nível 3, você, como coach, nota que há algo não dito sob a superfície da conversa de coaching. Você pode sentir a emoção não expressa; está bloqueada, reprimida, sendo posta em xeque, administrada. A capacitação no princípio do processo relaciona-se à habilidade do coach de estar atento a essas correntezas emocionais – que são também uma parte crucial da conversa, pois revelam o que é importante para o cliente. A energia das emoções é um sinal luminoso – às vezes, suave; outras, muito brilhante.

Por exemplo, o cliente pode estar descrevendo a mudança das políticas em sua área no escritório, mas por baixo das palavras há uma indignação quase fora de controle, um dragão cuspindo fogo e queimando pelo modo injusto com que as medidas foram anunciadas. Nesse ponto, você se torna curioso. Claramente, algo muito importante está acontecendo logo abaixo da superfície – algo mais importante do que as políticas em si mesmas – e se relaciona com o impacto da experiência no cliente. Também pode acontecer de maneira oposta: você espera que o cliente esteja eufórico com um sucesso recente, mas o tom de voz dele se mantém absolutamente indiferente. Esse é outro bom motivo para o coach se tornar curioso.

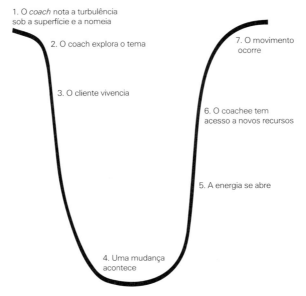

Figura 5 – As etapas da capacitação em processo

Quando o coach percebe isso, ele fala ou nomeia o que viu – e convida o cliente a também olhar para aquele ponto. Em relação aos exemplos que demos, significa que você, o coach, compartilha sua observação sem julgamentos ou apegos. Pode ser tão simples quanto afirmar: "Para mim, parece que há algo importante aqui em relação à maneira com que você foi tratado." Ou você pode ser mais específico, especialmente nos relacionamentos mais consolidados entre coach e cliente, dizendo a seguinte frase: "Não é o resultado que eu esperava. Parece que você está realmente desapontado."

Nós convidamos o cliente a olhar abaixo da superfície e além dos fatos e dados. Por que agimos dessa forma? Porque o coaching mais poderoso e eficiente é aquele em que sempre trabalhamos as questões mais importantes do cliente. Quando você aponta para a energia e as emoções abaixo da superfície, dá a ele a oportunidade de aprender mais sobre o que é certamente muito importante. Nem sempre ele está preparado para olhar abaixo da superfície; prefere manter suas respostas emocionais sob rígido controle. Ao convidá-lo para explorar a energia e as emoções em torno do assunto, o coach oferece a chance para que o cliente se torne mais atento e consciente do impacto que essa questão realmente tem em sua vida.

Etapa 2: O coach explora o tema

Assim que você tiver ouvido e nomeado a turbulência, o próximo passo é explorar o território – mas antes você tem que pedir permissão para o cliente. É importante. Com alguns clientes, especialmente aqueles em que o relacionamento já está consolidado, você terá bastante espaço para conduzi-los por territórios que, você, como um coach experiente, considerar os mais benéficos para eles. Já lhe asseguraram uma permissão ampla e lhe deram a possibilidade de conduzir a conversa do coaching para onde for necessário. Com outros, porém, especialmente os novatos em coaching ou que acabam de iniciar o relacionamento com você como coach, o pedido de permissão cria um recipiente de segurança que os encoraja a olhar mais profundamente, além dos detalhes da superfície do assunto atual.

A meta da capacitação no princípio do processo, como já dissemos, é dar foco ao que é real no momento. Um dos pontos mais eficientes de acesso à exploração do momento é a experiência física imediata do cliente: respiração, tensão, testa franzida, aperto na garganta ou o coração batendo rápido. O corpo é bastante expressivo e oferece uma rica fonte de informações sobre a experiência interna dele.

As metáforas ou as imagens visuais são outro ponto eficiente de acesso à exploração do momento. Às vezes, os sentimentos ficam mais fáceis de descrever em quadros do que em palavras: "Esse sentimento é como apertar forte uma pequena bola...", "Sinto como se fosse uma bexiga cheia de gás, suspensa no ar...", "É como se eu andasse com lama até a cintura..." ou "Sinto como se girasse e girasse, voando em círculos..."

Etapa 3: O cliente vivencia

A chave aqui é que o cliente realmente vivencie a sensação ou a emoção. É importante para o cliente ser capaz de identificá-la e nomeá-la, nem que seja em poucas palavras. Mas, em geral, apenas falar não costuma ser o suficiente para alterar o sentimento. Como coach, você sabe a diferença entre o cliente conversar sobre um desapontamento e viver novamente a mesma emoção negativa. A compreensão intelectual do que causou o desapontamento é um bom começo, mas um aprendizado muito mais profundo ainda está disponível.

Etapa 4: Uma mudança acontece

Há um momento em que é possível sentir a mudança da maré. O coach e o cliente estão se aprofundando na energia e na emoção da experiência e, então, algo muda: o ar, o tom, a luz, o peso – é difícil encontrar as palavras para expressar isso, mas é a sensação de um novo movimento. Vocês não estão mais nadando, estão despertando.

Nós representamos a capacitação no princípio do processo com uma curva em "U" bem fechada e profunda (Figura 5), mas uma única sessão de coaching que siga esse fluxo ideal é praticamente um milagre. Na maior parte do tempo, se traçássemos um gráfico do movimento, veríamos que o coaching se aprofunda, sobe suavemente à superfície, mantém-se talvez em um platô, vai novamente para o fundo e assim por diante. Não há uma forma perfeita porque a cada nova resposta o coach dança constantemente o momento. Sendo assim, durante a escuta de Nível 3, existe quase sempre um ponto no tempo quando, como *coach*, você pode ouvir o cliente subindo pelo lado direito da curva em "U".

Etapa 5: A energia se abre

A mudança é acompanhada por uma sensação de abertura, libertação, expansão. As emoções têm uma energia poderosa. E, quando ficam bloqueadas, a energia sobe, sendo, às vezes, direcionada e controlada. A capacitação no princípio do processo desbloqueia essa energia reprimida e possibilita que as emoções atendam aos interesses do cliente. O desbloqueio da energia gera movimento, que é bem diferente daquele criado na plenitude e no equilíbrio, porque aqui recorre à energia emocional dele trabalhando sob a superfície. Dessa forma, a emoção se torna energia em movimento, e "emo(ação)" do cliente. O processo se refere a estar com aquilo que é mais real; às vezes, a emoção é o mais verdadeiro para o cliente e lhe fornece os meios para se mover adiante.

Etapa 6: O cliente tem acesso a novos recursos

Administrar, controlar e reprimir as emoções exige esforço; há um grande investimento de recursos internos. Assim que a mudança ocorre e o cliente se encontra em um território novo e mais expansivo, ele também passa a ter acesso a mais recursos internos. Ele sempre esteve lá, não é uma nova fonte de recursos direcionados às escolhas que conduz a uma vida mais plena e gratificante. É a experiência de liberar essa energia que é mais importante para o cliente, que se torna mais energizado para realizar as tarefas – e até mesmo as batalhas necessárias para avançar.

Etapa 7: O movimento ocorre

Nessa etapa, há a sensação de que o movimento está prestes a acontecer como em uma fase de transição. A atmosfera muda. O cliente pode descrever a experiência como um sentimento de muita vivacidade ou como a habilidade de ver a situação com uma luz nova, mais brilhante e colorida. Pode falar sobre uma percepção de aquecimento ou de mais fluxo, ou falar que está mais relaxado, mais tranquilo e mais energizado, ou ainda menos paralisado e resistente e assim por diante. Na maioria dos casos, essa nova sensação pode estar vinculada a uma nova compreensão ou consciência por parte do cliente. O resultado é uma mudança na experiência interna combinada com um novo ou renovado aprendizado. Como dissemos, o coaching se refere a seguir adiante e, às vezes, o progresso começa com a experimentação e não com a fuga diante das questões desconfortáveis. Há informações importantes para o coach e o cliente, às vezes, transformadoras da vida, na exploração dos sinais emocionais.

Música no ar

As etapas que acabamos de descrever aplicam-se igualmente àquelas situações em que o cliente se mostra relutante a "celebrar" uma experiência. Ele pode estar tão focado para seguir para o próximo passo, o próximo projeto ou desafio, que quer deixar para lá a comemoração de suas conquistas – e perde a chance de descobrir mais sobre si e sobre a chave de seu próprio sucesso.

Com muita frequência e por bastante tempo, alguns clientes ouviram que devem ser humildes ou que não devem dar atenção a si mesmos e, então, evitam o que consideram autoelogio, deixando escapar a oportunidade de se gratificar e de novos aprendizados. Outros simplesmente sentem receio de ficar muito felizes ou acham as emoções mais alegres desnecessárias, ou um sinal de que não estão levando o assunto a sério. Como coach, uma de suas tarefas é ouvir o tipo de resistência que impede o seu cliente de experimentar todo o leque de tons musicais que estão disponíveis. Quando o cliente evita os altos e baixos, está eliminando tons musicais de sua vida. Ele acaba com poucas opções para tocar e isso torna a canção da vida muito limitada e monótona.

Sentimentos são informação, não sintoma

A presença de sentimentos ou emoções é uma das qualidades inerentes à capacitação no princípio do processo. Quando o cliente fala abertamente sobre as questões mais profundas e importantes para ele, não é surpresa que a conversa ocorra em uma atmosfera emotiva. De vez em quando, os coaches ficam alarmados e confusos com isso. Acham que, como o cliente está reagindo emocionalmente, o relacionamento de coaching está se transformando em terapia.

Mas emoções e terapia não são sinônimos. As emoções são apenas as emoções. Quando alguém está indignado, até bravo, com alguma injustiça que percebeu, isso não quer dizer que esteja mentalmente instável; trata-se apenas de um ser humano tendo uma reação humana. Se o cliente chora, não significa que está doente. É assim que as pessoas expressam os sentimentos mais fortes.

Não há problema que o coach permita e até encoraje a liberação das emoções do cliente – tristeza, dor, raiva, perda. A emoção é uma forma legítima de expressão assim como as palavras, músicas ou a dança. Não haja como um detetive. Não olhe como se o cliente estivesse machucado ou colérico – que é a resposta mais típica. A causa não é importante; aceitar o sentimento é o mais importante. Não cabe ao coach tentar aliviar ou deter a emoção – outra resposta bem típica. Apenas explore e confirme o sentimento: "É um sentimento poderoso. Há dor aqui, posso ver."

As emoções são parte do funcionamento normal do ser humano, não um sintoma de doença. O cliente engenhoso, integral e saudável tem acesso total às próprias emoções. É escondê-las, negá-las e sufocá-las o que pode deixá-lo com problemas. Nossos sentimentos nos dão um meio para que nos expressemos. O processo pode ser muito depurador; e se não permitirmos que o corpo descarregue e descubra o que leva em seu interior, não haverá crescimento. Podemos mesmo até ficar doentes – mental e fisicamente – por manter as emoções sufocadas. A capacitação no princípio do processo é onde surgem os sentimentos porque você está encorajando – até desafiando – o cliente a visitar os lugares mais obscuros para vivenciá-los e aprender como são importantes. Se não fossem importantes, não haveria tanta energia em torno deles. Quando o cliente consegue mergulhar em seu interior, descobre mais sobre si mesmo, torna-se mais engenhoso e libera a energia na emoção, o que motiva o movimento de avanço – que já chamamos de emo(a-ção). A menos que você explore essas áreas com seus clientes, o seu coaching carecerá de profundidade e amplitude.

Muito embora a capacitação no princípio do processo seja muito poderosa emocionalmente, ainda existe bastante espaço para o humor. Explorar os territórios proibidos com humor dá licença ao cliente para que se aproxime das áreas escuras com pés mais leves ou sinta curiosidade por aquelas águas sombrias e profundas em vez de ter medo de acabar se afogando.

Exemplo de diálogo

Cliente: Parece que, por fim, vou ter que tirar a poeira do meu velho currículo.

COACH: Finalmente, falaram sobre o emprego no exterior?

Cliente: Falaram. E não foi a resposta que eu queria ouvir. Então, estou acionando as máquinas para voltar a procurar uma posição.

COACH: Você fez um alto investimento nesse emprego. Lembro como você estava animado depois da última entrevista. Agora parece que você está fazendo pouco – como se não fosse importante. Onde está a verdade?

Cliente: Tenho um emprego decente com pouco risco de que ocorra alguma mudança por lá.

COACH: Até hoje, isso não parecia o suficiente.

Cliente: Eu sei e ainda não é. A verdade é que estou desapontado.

COACH: E não parece que esteja pouco desapontado.

Cliente: Não. Realmente desapontado. Fiquei bem animado com aquela entrevista. Não vejo como poderia ter sido melhor.

COACH: Foi uma grande decepção.

Cliente: Não quero ficar revirando isso.

COACH: Entendo. Mas ainda assim parece que a sua vida quer revirar isso.

Cliente: Sabe, é verdade. Não consigo lembrar outra vez que tenha ficado tão triste – pelo menos, não em relação a um emprego. Talvez eu tenha investido demais na ideia de sair do país.

COACH: Como você se sente. Eu vejo tristeza. Qual sua experiência, como você vivencia isso?

Cliente: De verdade, é como se eu tivesse levado um murro no estômago. Sinto que estou sem fôlego, como se nem conseguisse parar em pé direito.

COACH: Qual é a parte mais dolorida?

Cliente: A perda, a espera, o desperdício de energia.

COACH: Tudo bem para você se nós explorássemos essa questão agora mesmo? Acho importante enfrentar isso e não desviar.

Cliente: Claro. Quero superar isso para poder seguir em frente com a minha vida.

COACH: Então, como é esse lugar exatamente agora?

Cliente: É escuro... oco... como uma caverna.

COACH: Entre na caverna. Você está lá?

Cliente: Sim.

COACH: O que você percebe?

Cliente: Estou sentado com as mãos segurando a cabeça.

COACH: Qual é a emoção?

Cliente: Tristeza. Eu me sinto derrotado. Totalmente derrotado.

COACH: OK. Quero que você agora aumente o volume desse sentimento, de início, só um pouco. Se estava no grau cinco, agora aumente para seis.

Cliente: A tristeza?

COACH: Sim. E o sentimento de derrota. Mergulhe fundo; eu vou estar bem aqui.

Cliente: OK, estou aumentando o volume para seis.

COACH: O que você percebe?

Cliente: Uma sensação de fracasso. Uma grande onda de fracasso. Vai levando e destruindo tudo.

COACH: Uma onda de fracasso. Você está em um lugar seguro?

Cliente: Sim.

COACH: Quando estiver pronto, tente aumentar o volume em mais um ponto para sete.

Cliente: Agora eu realmente sinto a perda. Como um sonho morto. Como se minha última chance de construir algo importante tivesse simplesmente desaparecido.

COACH: Isso é importante para você.

Cliente: É, muito!

COACH: O que você percebe agora?

Cliente: Que posso diminuir o volume.

COACH: Quer fazer isso agora?

Cliente: Sim.

COACH: Como você se sente agora?

Cliente: A tensão saiu dos meus ombros.

COACH: Onde você está? Ainda na caverna?

Cliente: Não, estou sentado no porto, olhando para o oceano.

COACH: O que você aprendeu com essa experiência?

Cliente: Alguns pontos. Um, eu não havia percebido como era importante para mim conseguir aquela posição e como estava sendo difícil não ter sido escolhido – especialmente porque eu me sentia bastante qualificado. E dois, vejo que posso controlar meu destino e como me sinto, exatamente como acabo de controlar meu sentimento de derrota. Eu posso escolher me sentir bem em relação a mim mesmo.

COACH: E o que mais?

Cliente: O currículo. Quero trabalhar nele. Quero voltar a pesquisar algumas novas possibilidades de trabalho no exterior.

COACH: Bom. Durante essa semana, crie um plano com prazos e me envie por e-mail, OK?

Cliente: OK.

COACH: Também tenho uma demanda de lição de casa. Quero que você escreva por alguns dias, respondendo a pergunta: "O que eu aprendi com o fracasso?" Você fará isso?

Cliente: Você está brincando?

COACH: Na verdade, não estou brincando. Você sabe tudo que deve ser feito para procurar um emprego – escrever o currículo, fazer as entrevistas e o que mais for necessário. A parte mais difícil para você é "estar com" o fracasso. Só a possibilidade já é capaz de desviar você do rumo. Se você for mais capaz de "estar com" o fracasso, o que isso lhe dará?

Cliente: Liberdade. Isso vai transformar o fracasso em aprendizado e não em julgamento a respeito de mim mesmo. É que... não tenho que ficar feliz para fazer isso, tenho?

COACH: Você tem a escolha, como disse agora mesmo. É que não será essa a última vez que você enfrentará essa sensação de perda e fracasso. Se puder "estar com" isso agora – criando músculos para lidar com essa sensação – estará em melhor forma da próxima vez que enfrentar uma situação semelhante.

Cliente: Como um programa de ginástica emocional.

COACH: Mais ou menos isso. O universo lhe oferece uma ótima academia de ginástica. Vamos tirar proveito dela.

Processo e responsabilização

O modelo do Coaching Coativo é bem claro: o coach traz um contexto ao relacionamento que inclui o aprendizado profundo e a ação que leva o cliente adiante. A responsabilização é uma parte importante da capacitação em processo assim como nos princípios de plenitude e equilíbrio. Sem a responsabilização, o coaching não aconteceu, embora tenham sido usadas habilidades da área. A ação do coaching acontece na vida do cliente. Na capacitação em processo, a ação é estruturada para dar suporte ao que ele descobre na sessão. Por exemplo, a sessão revelou que o cliente tem medo de desapontar as pessoas quando diz "não" às demandas. Nesse caso, o cliente está pagando um preço alto em sua vida para evitar a possibilidade de desapontar as pessoas. A responsabilização do cliente pode ser ele se arriscar a desapontar as pessoas dizendo "não" cinco vezes na semana seguinte e observando o que acontece. Ou pode ser um hábito ou uma prática incorporada à vida do cliente, como registrar ao fism de cada dia quantas vezes disse não.

"Estar com"

Uma ou duas palavras precisam ser ditas sobre a expressão "estar com", que é utilizada com frequência na capacitação no princípio do processo. Podemos afirmar, por exemplo, que o cliente "está com" o desapontamento ou que o coach "está com" o cliente e com o desapontamento dele. Pense nisso como uma visita a um amigo no hospital. Sua meta é "estar com" seu amigo. Realmente, não há nada para você fazer ali a não ser estar com seu amigo. E é mais do que apenas passar por lá. Estar com é estar integralmente presente e completamente engajado, atento, aberto e até interativo, mas sem outro objetivo a não ser estar com aquela pessoa naquela experiência. Estar com é um ambiente poderoso de Nível 3 – uma experiência compartilhada em grau profundo. Quando você está com o cliente nesse nível, ele está livre para expressar não apenas seus pensamentos e análises, mas também as emoções mais sinceras que vivencia.

Não posso ir lá

O princípio do processo no coaching sempre surge quando o rio faz uma curva em direção ao território que o cliente não quer entrar. Sendo coach, sua curiosidade despertou. Onde é esse lugar que o coachee não quer entrar? O que é essa questão com a qual ele não quer lidar? Talvez você ouça uma série de explicações: "Não posso estar com o fracasso que criei no meu último emprego", "Não posso estar com a felicidade que essa pessoa traz para a minha vida".

O cliente fica desconfortável; às vezes, sente-se até pior do que miserável porque a vida o leva para lugares que ele não quer ir. Nessa situação, é provável que tente mudar o rumo ou evitar essas questões. Ao longo do tempo, tudo que ele consegue é uma vida repleta de evitações. O coachee não percebe que paga um alto custo por amputar essas partes de sua vida. Portanto, desenhe um círculo grande para representar a vida do cliente (veja Figura 6). Agora, comece a marcar com círculos menores as partes com as quais ele não quer "estar com". Pinte-as e dê nome a elas: essa é a raiva com a qual o cliente não quer estar com... o desapontamento... assumir riscos. Conforme cada parte vai sendo colorida, sobra menos espaço de vida para o cliente e se torna cada vez mais difícil "caminhar" entre todas aquelas "zonas proibidas".

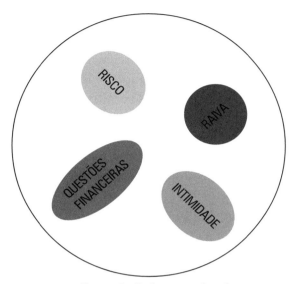

Figura 6 – Redirecionando o fluxo

A capacitação no princípio do processo ajuda o cliente a desenvolver a capacidade de "estar com" as questões que vem negando ou evitando. Grande parte do trabalho do coach é incentivá-lo a descobrir o que é verdadeiro, real e importante – para que assim ele possa fazer escolhas melhores. Podemos dizer que nosso trabalho é ajudar o cliente a parar de evitar, fingir e negar. Dessa posição de empoderamento, ele se torna capaz de tomar decisões melhores e se fortalece nos relacionamentos, no trabalho e em casa.

Em que questões você para?

Antes de deixar para trás o assunto de explorar os lugares obscuros, devemos fazer uma pergunta a você: "Quais são as áreas de sua vida difíceis de explorar ou de estar com?" A resposta é importante porque essas são as áreas que você ficará relutante de entrar com o cliente. Em vez de explorar esses lugares, pode ser até que você pare o coaching. Vamos supor que você tenha problemas para lidar com questões financeiras ou raiva ou rejeição. Pode ser que evite essas questões no seu coaching. Mesmo assim, esses podem ser os territórios que o cliente precisa – ou até mesmo deseja – explorar. Se não tiver consciência de quais são as áreas fora dos seus limites, estará enganando o cliente, porque assim que ele se direcionar para lá, você vai se omitir. Os coaches, portanto, têm que contar com um rigoroso processo de autodescoberta – idealmente com seu próprio coach. Comece a trabalhar essas questões para que possam ser integradas à sua própria vida e se tornem acessíveis ao seu trabalho de coaching com os clientes também.

Capítulo 11

A INTEGRAÇÃO DOS PRINCÍPIOS

Até aqui falamos sobre os três princípios fundamentais do coaching como se fossem abordagens distintas. Ao separá-los dessa forma para estruturar o livro, podemos ter causado a impressão de que uma sessão de coaching segue consistentemente uma única abordagem, desde a primeira pergunta até a responsabilização do cliente. Na verdade, durante cada sessão de coaching, é mais provável que você, como coach, tenha que combinar os elementos dos três princípios: plenitude, equilíbrio e processo.

Integrando os princípios

Podemos pensar nos três princípios como três conjuntos de ferramentas. Quando é feita a exploração de valores, visão de futuro ou a autossabotagem que impede o cliente de conquistar seus objetivos, o coach está acionando a caixa de ferramentas da plenitude. Quando o coach ajuda o cliente a olhar uma questão a partir de diferentes pontos de vista ou considerar planos e opções de ações, a caixa de ferramentas está fundamentada no equilíbrio. E, quando o coach cria um recipiente em torno do momento presente para mergulhar mais profundamente em uma questão, está lidando com a área de processo. Então, como é que você sendo o coach, decide qual conjunto de ferramentas utilizar? A resposta mais curta é a seguinte: a direção do coaching deriva da escuta nos Níveis 2 e 3.

Como dissemos desde o início, no modelo de Coaching Coativo, as metas, áreas de foco e as questões de cada sessão são dadas pelo cliente. É ele quem decide a agenda de interesses do relacionamento como um todo e de cada sessão do coaching. Essa é a responsabilidade dele.

A do coach é determinar qual abordagem utilizar. O cliente, de fato, conta que o coach assuma o encargo de direcionar e dar fluxo ao coaching. E a escolha dessa direção começa a partir da primeira afirmação do cliente em cada sessão. Em nosso modelo de escuta, dizemos que o coach presta atenção no cliente, atento à força da conexão face a face, ouvindo no Nível 2. O coach também presta atenção à mudança do tom do cliente, ao ritmo de sua fala e respiração, a atmosfera criada e até mesmo calibra a força do relacionamento em si mesma: ele faz movimentos mais próximos, está divagando, afastando-se, ficou defensivo? Essa é a escuta no Nível 3. Para o coach, a informação para onde ir a seguir com o coaching está logo ali, no momento, nos Níveis 2 e 3 da escuta. Para o coach que trabalha com esse modelo, isso é crucial. Ele ouve o tom geral da força ou fraqueza e utiliza essa informação para fazer a próxima pergunta ou decidir qual habilidade aplicar a seguir.

Definitivamente, é uma arte que requer a escuta atenta e a capacidade de "dançar o momento" com o que surgir na sessão. Não é uma técnica que pode ser ensinada em um manual do tipo: "Quando o cliente disser 'A', você responde 'B'." Não funciona dessa maneira. Também não é bom para você, como coach, manter a atenção no conjunto de ferramentas, pensar em qual princípio aplicar, qual contexto do modelo você está usando ou qual das habilidades selecionar entre as disponíveis. Isso é consciência de Nível 1 e, quando você está assim, fica desconectado do cliente. De tempos em tempos, a desconexão acaba acontecendo mesmo com os melhores coaches, mas é preciso se recuperar e retomar o contato mais profundo com o cliente.

Observe que dissemos retomar o contato *com o cliente* e não *com a questão* que está em debate naquele momento na sessão. No coaching, nossa responsabilidade básica é ajudá-lo a determinar o melhor curso de ação e apoiá-lo para que se mantenha na trajetória, destacando os aprendizados para que ele se torne cada vez mais capaz e engenhoso em vez de dependente das respostas do coach. No papel de coach, você sempre estará empoderando o cliente.

A urgência de identificar "o problema" o mais depressa possível e encontrar a solução em um piscar de olhos está incorporada à nossa cultura. Sim, com certeza, há ocasiões em que é crucial resolver os problemas rapidamente, mas no coaching temos uma visão mais de longo prazo em relação ao cliente e à vida dele. No nosso modelo, o coach visa à Agenda de interesses com "A" maiúsculo do cliente: uma vida plena e gratificante, uma vida de escolha, propósito e expressão. Nós ajudamos o cliente a olhar para as questões que traz para o coaching em um contexto mais amplo. Para o coach, é um perigo deixar-se seduzir pela vontade de entender todas as circunstâncias do problema, como se essa compreensão o tornasse mais "equipado" para ajudar o cliente. Na maioria dos casos, superestimamos nossa necessidade de saber. Afinal, o cliente é especialista em sua própria vida e situações no trabalho, enquanto o coach é *expert* em ajudar a encontrar o curso da ação e a colher o aprendizado resultante.

Também é preciso registrar aqui que não há questão superficial trazida pelo cliente e, sim, um coaching superficial. Existe sempre algo importante por baixo da situação apresentada ou a sessão não valeria o tempo investido pelo cliente e pelo coach. Parte da missão do coach é procurar aquilo que torna uma questão relevante para a vida do cliente. Cada situação trazida por ele tem em si o potencial de aproximá-lo um pouco mais da sua versão de uma vida em plenitude, equilíbrio e com processos melhores. A questão que o cliente traz é a peça de um quebra-cabeça muito maior. E, portanto, deve ser tratada com respeito – mais como uma oportunidade de avançar para uma meta mais ampla do que como um problema a ser solucionado para que desapareça. Essa é por fim a verdadeira alavanca do coaching: não uma resposta para uma única questão, mas um cliente mais capaz, engenhoso e integral, vivendo com vigor e gratificação.

Exemplo de diálogo: integrando os três princípios

Cliente: Voltando ao assunto em que estávamos na sessão passada... Ainda estou cogitando a possibilidade de comprar aquele negócio de que lhe falei.

COACH: Você está levantando informações...

Cliente: ... e conversei novamente com o corretor.

COACH: Como você vê essa possível aquisição hoje, em que momento você está? Qual é o grande cenário? **(Visão: plenitude)**

Cliente: O grande cenário é de risco.

COACH: Percebi que "o risco" não deteve você em outras ocasiões. Na verdade, assumir riscos é um grande valor para você. O que há nesse risco que lhe pareça diferente? **(Valores: plenitude)**

Cliente: É complexo.

COACH: Vamos tentar deixar isso de lado um instante. Antes de mais nada, confio que você tem como se certificar de que o lado financeiro do negócio faz sentido.

Cliente: Estou revisando todos os dados com meu parceiro e com o contador com quem estamos trabalhando, mas, basicamente, a análise está completa. A essa altura na semana que vem, nós já saberemos tudo o que precisamos.

COACH: Então, há risco financeiro. Essa é a parte que você considera arriscada?

Cliente: Não, realmente. Sou bem familiarizado com as planilhas e sou capaz de tomar decisões de negócios sólidas com base em números.

COACH: Então, o que está em risco aqui?

Cliente: Você se lembra de um objetivo do qual lhe falei, o objetivo para esse ano era "diminuir um pouco o ritmo".

COACH: "Sair fora da autoestrada", acho que era assim que você expressava esse objetivo.

Cliente: Bem, se eu decidir comprar esse negócio, não vou "sair fora da autoestrada"; isso vai ser "passar para a pista de alta velocidade".

COACH: O seu tom de voz mudou agora. O que aconteceu? **(No momento: processo)**

Cliente: Posso sentir a pressão crescendo.

COACH: Como é o sentimento? **(Estar com: processo)**

Cliente: Uma sensação de pavor.

COACH: Que tipo de imagem vem à sua mente quando você se deixa sentir esse pavor?

Cliente: Fico todo curvado nos ombros, como se estivesse carregando um peso enorme.

COACH: É o que lhe ocorre quando olha para a decisão pela lente do "passando para a pista de alta velocidade". E se você pudesse olhar para essa aquisição pela lente do seu objetivo anual "sair fora da autoestrada"? Como seria? **(Perspectivas: equilíbrio)**

Cliente: Seria como dar uma boa espreguiçada.

COACH: Quer tentar?

Cliente: Claro.

(Coach e cliente exploram essa e diversas outras perspectivas)

COACH: O que você está tirando da sessão de hoje?

Cliente: Dois pontos: um, que sou capaz de lidar com a análise financeira; e dois, a análise financeira não é a única parte da decisão. O que realmente importa é como essa decisão impacta minha vida. Percebo que fiquei viciado na excitação de tomar decisões e posso perder o rumo do que é realmente importante para mim em longo prazo.

COACH: Tenho uma pergunta de lição de casa para você refletir. Está pronto?

Cliente: Sim.

COACH: Qual é a recompensa que você mais deseja obter com essa aquisição? **(Agenda com "A" maiúsculo: plenitude)**

Cliente: Ótimo, vou pensar nisso.

O compromisso do coach

Até que ponto você está disposto a ir em benefício de uma vida plena para o seu cliente? E em que momento você entra na zona de conforto – especialmente com aqueles clientes com quem mais gosta de trabalhar – e passa a apoiar apenas aquela parte do sonho ou da visão potencial que é alcançável e satisfatória e não excelente? Inconscientemente, isso pode acontecer e é um lembrete de que nós, como coaches, temos que estar constantemente vigilantes para manter a visão do potencial do cliente. Aquela visão que ele mesmo, às vezes, não consegue manter.

O cliente conta com o compromisso do coach de lhe entregar 100% de compromisso. Fique atento àqueles momentos em que começa a "comprar" as histórias sem questionar. Esteja disposto a insistir e sugerir um ponto de vista diferente em favor da exploração das questões subjacentes para que o ele seja forçado a ser claro e rigoroso com as posições que assume. Quando ele retrata seu mundo como "A Verdade" e você se pega balançando a cabeça em concordância, faça uma pausa longa o bastante para questionar os pressupostos escondidos. Por exemplo: quando o cliente faz afirmações como "Estou tão ocupado e tão envolvido que não tenho tempo para..." demonstre curiosidade. Pode ser verdade que ele esteja muito ocupado, mas também pode ser uma desculpa que permite que a pessoa evite uma escolha difícil, que poderia funcionar melhor em longo prazo. Você deve imaginar: "Afinal, com que o cliente está realmente comprometido?"

Como coach, você é o modelo de questionamento corajoso. Parte do seu trabalho é ser severo, tocar nas questões impopulares ou até irrazoáveis em benefício do desenvolvimento do potencial do cliente em direção a uma vida em plenitude, qualquer que seja a definição dele para isso. Como dissemos, se buscar uma vida plena e gratificante é um ato radical, então, haverá vezes em que a sua voz será de uma coragem vigorosa.

Você precisa estar disposto a fazer a pergunta dura ou falar a difícil verdade, mesmo que isso signifique que o cliente não vai gostar daquilo que ouvir. Haverá momentos em que você estará disposto em ir adiante e talvez o cliente até rompa o relacionamento. De vez em quando a pergunta mais difícil fica para o coach: "Afinal, com o que você está realmente comprometido?"

Exemplo de diálogo: questionamento corajoso

COACH: É sua decisão final?

Cliente: Sim. Vou voltar para minha cidade natal tão logo consiga arranjar tudo – talvez em um mês.

COACH: Estou surpreso.

Cliente: Eu sei.

COACH: Olha, Kathy, a vida é sua. Você tem que escolher o que acredita ser o melhor, mas, como coach, sendo alguém que confia realmente em você, tenho que lhe dizer que estou confuso.

Cliente: E parece que um pouco irritado também. Você acha que eu estou desistindo outra vez.

COACH: Não está?

Cliente: Estou cansada de lutar.

COACH: Entendo. Tenho visto suas batalhas. Vi você encarar as cartas de rejeição, o trabalho em meio período, a escrita durante a madrugada. Eu vi toda essa luta. De onde vem essa determinação?

Cliente: Talvez eu estivesse apenas me enganando.

COACH: Vou ter que insistir aqui. Me avise se eu for longe demais.

Cliente: É que tudo parece tão sem esperança.

COACH: Não me lembro da palavra "esperança" na sua lista de valores. Lembro o sonho. Lembro a mulher que veio para essa cidade cheia de fogo e determinação, assumindo uma posição na vida e acreditando em si mesma.

Cliente: Eu estava com os olhos arregalados.

COACH: Lembro-me de uma porção de dúvidas também. Dias em que você não estava tão animada. Mas não acredito que o fogo tenha acabado. Simplesmente não acredito nisso.

Cliente: O dinheiro está quase no fim. Meu trabalho é chato. Não estou me divertindo. Esse não é o sonho com o qual me comprometi.

COACH: Eu entendo e tenho uma demanda: dê um tempo na redação dos textos, mas não tome ainda nenhuma ação para mudar de volta para sua cidade. Você fará isso?

Cliente: Mas se não estiver escrevendo, qual é a questão? Vou estar apenas atrasando o relógio.

COACH: Você está cansada. O sonho está cansado também. Dê um descanso. Quando falarmos na semana que vem, vamos ver como você está se saindo. Você está novamente disposta? Se você disser "não", deixo você partir, mas eu realmente estou pedindo em seu benefício – em benefício da pessoa que acredita que nasceu para escrever.

Cliente: Sim, OK. Em benefício daquela pessoa.

Usando múltiplos chapéus

O que acontece quando o coach realmente tem uma experiência valiosa para o cliente? Parece injusto, talvez até pouco profissional, omitir informações e orientações que podem evitar que o cliente cometa erros custosos ou simplesmente encurtar um longo e aborrecido processo. A chave nessa situação é ser claro em diferentes graus.

Primeiro: pergunte a si mesmo se a informação que você domina é realmente relevante para o cliente ou para a situação que ele enfrenta. Qual especificamente será o ganho com a sua contribuição? Segundo, esclareça para você mesmo e para o cliente que você não está usando o chapéu de cliente. Está usando o chapéu de alguém que tem uma *expertise* específica ou experiência na área em questão. Terceiro, certifique-se de que o cliente deseja receber de você essas informações. Peça permissão, mesmo que tenha certeza que o cliente vai dizer "sim". Pedir permissão antes de dar suas sugestões preserva o relacionamento do coaching. E esteja preparado também para ouvir que o cliente prefere encontrar a solução por seus próprios meios. Quarto, deixe claro que está fazendo isso com desapego. No momento em que se apega à ideia de que tem a resposta certa ou a maneira certa de fazer, você começou a impor sua própria agenda de interesses sobre a ação do cliente. Deixe bem claro que a oferta de sugestões é desapegada.

Outra área que é preciso deixar bem clara ocorre na estruturação da aliança com o cliente. Em alguns casos, o cliente escolhe o coach especificamente porque ele tem uma experiência relevante. Isto é, o cliente contrata um coach porque acredita que ele terá facilidade para compreender o mundo dele. Quando o caso for esse, é importante conversar sobre as diferenças entre os papéis no coaching, na consultoria e no *mentoring* – assim ele saberá o que esperar. Conforme o coaching vai ocorrendo, o coach e o cliente devem revisitar a estrutura do relacionamento sempre que necessário.

A distinção entre coaching, consultoria e mentoring

Como você pode notar, existe um potencial de confusão entre esses três diferentes papéis, enquanto o termo "coaching" vai se disseminando em torno do mundo, especialmente nas organizações. Um número crescente de consultores empresariais adicionou coaching em sua lista de serviços sem fazer a distinção entre coaching e consultoria, que propusemos no modelo Coativo. Não estamos afirmando que uma é certa e outra é errada – somente que a falta de clareza entre os dois termos pode gerar mais confusão nas pessoas que contratam coaches e consultores.

Os coaches e os consultores podem trabalhar juntos de forma muito eficiente. Existe um papel óbvio para o consultor que acrescenta habilidades específicas, experiência e análise processual a uma situação. O consultor é pago para compreender o problema e apresentar soluções exequíveis. Já o coaching ajuda a incorporar as mudanças necessárias e apoia a organização para fazer a transição, aplicando as soluções. O coaching é um suporte ideal para assegurar que a mudança crie raízes na empresa.

Além de ser claro em relação ao seu papel, também é importante esclarecer os limites do coaching. Se você oferece conselhos ao cliente é preciso evidenciar que tem autoridade para fazer isso. Quando você fornece serviços profissionais que exigem uma licença ou certificação, você precisa estar autorizado. Isso é verdadeiro para a área médica, jurídica e financeira e todas as outras cuja prática é regulada por lei. Se houver qualquer dúvida sobre sua adequação ao serviço, é melhor pedir ao cliente que peça uma indicação qualificada. Alguns coaches mantêm um arquivo com fontes de referência para situações como essa.

Terapia e coaching

Traçar a fronteira entre psicoterapia e coaching pode, às vezes, ser confuso. É especialmente complexo para os coaches que assumem que as emoções estão no domínio da terapia e que, por isso, devem evitar que as emoções surjam no coaching. Na verdade, como explicamos no Capítulo 10, as emoções fazem parte da condição humana. São tão naturais nas conversas de coaching como em qualquer outro diálogo humano, especialmente nas mais significativas. Quando o cliente fala abertamente sobre seus objetivos e sonhos, suas vitórias mais difíceis de conquistar ou sobre as derrotas por autossabotagem, sempre existe a possibilidade de que explore também as emoções subjacentes.

Infelizmente, a fronteira entre terapia e coaching não está definida por um conjunto absoluto de regras e termos. A terapia e o coaching sempre se sobrepõem, especialmente com algumas modalidades mais recentes. O que parece claro é que, em geral, os psicoterapeutas são treinados para diagnosticar problemas e trabalham com o cliente para curar suas feridas emocionais, enquanto os coaches não são treinados no diagnóstico e não põem foco na cura das feridas emocionais. Apesar dessa distinção, também é verdade que, quando o coachee faz escolhas corajosas em sua vida, ele sempre vivencia uma sensação de saúde, de ruptura dos velhos padrões e limites, de salto para fora da caixa confinadora e avança com nova força vital. O coaching, porém, não põe foco no problema emocional. A emoção pode estar presente na conversa, mas não é o alvo do trabalho. Dessa forma, desde que o coach dê foco aos três princípios, aos contextos e habilidades do coaching, ele provavelmente estará dentro de sua fronteira de atuação (A Caixa de Ferramenta do Coach online acessível em http://www.co-active.com/toolkit inclui os padrões éticos para os profissionais de coaching, publicados pela *International Coach Federation*).

O mundo em expansão do coaching

Desde que a primeira edição desse livro foi publicada, o coaching entrou em fluxo de expansão em todos os continentes e em quase todas as áreas da vida e do trabalho. Embora a princípio o foco estivesse em duas categorias – o coaching individual e o coaching corporativo para executivos e gerentes –, hoje em dia avançou muito e está subdividido em centenas de variações e híbridos.

Você encontrará coaches trabalhando com indivíduos em diferentes etapas e circunstâncias da vida. Por exemplo, atualmente há coaches especializados em adolescentes considerando a faculdade e a escolha de carreira; em universitários explorando as questões de vida e trabalho; em jovens pensando em casar; em casais tentando melhorar o relacionamento conjugal; em adultos mudando de emprego, de carreira ou de cidade; em trabalhadores preparando-se para aposentar; ou em pessoas enfrentando grandes mudanças de vida ou uma doença terminal. O coach pode se especializar em trabalhar com determinados grupos como executivos seniores, funcionários na área de biotecnologia, artistas e músicos, professores, adolescentes em risco ou diretores e voluntários de organizações não lucrativas.

Uma área que tem apresentado enorme crescimento nos últimos anos é o coach que trabalha com equipes em organizações. Uma equipe é uma entidade viva com valores, visão, personalidade e até mesmo com crenças autolimitadoras. Nesse caso, o "cliente" é a equipe inteira, não simplesmente o indivíduo que faz parte dela. Ainda assim, a dinâmica da equipe não pode ser separada das personalidades individuais e dos interesses distintos de cada integrante da equipe. Equilibrar os interesses do grupo e os individuais é um desafio e uma experiência que pode ser muito recompensadora.

Alguns coaches combinam seu trabalho com outras atividades como andar de caiaque em corredeiras ou fazer escalada de montanhas, planejamento financeiro, falar em público, gerenciamento de tempo ou preparação física. Ou aliam o coaching a um leque de serviços correlatos que pode incluir planejamento estratégico, treinamento em comunicação e desenvolvimento de liderança.

Para o profissional em coaching

Para os profissionais em coaching, apresentamos a seguir algumas sugestões que vão como considerações sobre a formatação do serviço até a possibilidade de oferecer o coaching como um trabalho complementar a outra atividade.

O formato do coaching

Como observamos ao longo do livro, não existe um formato único, universal ou oficial para o coaching; há de todos os tamanhos, formas e cores. Alguns fatores, porém, devem ser considerados e são os seguintes: horizonte de tempo e recursos do coaching, além da duração e frequência das sessões.

Horizonte de tempo. Alguns relacionamentos de coaching são abertos e se mantêm em desenvolvimento. Com frequência, o início tem uma duração mínima combinada de três meses, mas pode se estender por anos. O relacionamento de coaching se torna parte do sistema de apoio do cliente, enquanto ele continua a fazer mudanças importantes, enfrentar novas transições e desafios inesperados.

Outros relacionamentos de coaching são estabelecidos com duração fixa, como seis meses ou um ano. Quase sempre, esse é o caso dos coaches que trabalham com clientes corporativos ou com consultores que incluem o coaching como meio para implementar programas e mudanças.

Duração e frequência das sessões. De acordo com uma pesquisa da *International Coach Federation*, a forma mais comum são sessões de 30 minutos por telefone, três ou quatro vezes por mês. No entanto, a melhor resposta para as perguntas "Qual duração?" e "Com que frequência?" é: "O que funcionar melhor para o coach e o coachee."

Esse é um exemplo da estruturação de uma aliança que seja operacional para o relacionamento. Necessariamente, isso não significa que o coach e o cliente precisam negociar até encontrar um denominador comum. Quer dizer, isso sim, que o coach precisa ter claro o que é para o cliente uma vida profissional gratificante e estar disposto a assumir uma posição nessa direção. Sendo assim, se você, como coach, sente que é mais eficiente em sessões de 45 minutos ou uma hora, precisa ser claro com o cliente desde o início sobre seu estilo de trabalhar. Caso tenha uma forte preferência pela frequência das sessões, será necessário estabelecer isso nas políticas da sua prática profissional. Existem coaches que trabalham com o cliente uma vez por mês ou todas as semanas – até mesmo diariamente quando o cliente está em um momento de muita pressão. Em última instância, a frequência é uma combinação entre preferência e negociação. Para muitos coaches, são necessários um ou dois anos de experiência para encontrar o ritmo que funciona melhor com seu estilo individual.

Relacionamento com o cliente

Nesse livro, enfatizamos o coaching um a um, isto é, o individual. Alguns coaches, no entanto, preferem trabalhar com casais, parceiros, famílias, grupos de trabalho ou equipes. Outros fazem uma combinação entre coaching individual e de equipes. Em nossa experiência, a chave é esclarecer muito bem o seu nicho de atuação, sua paixão, sua missão. Você será mais inspirador e bem-sucedido, trabalhando com as pessoas que mais lhe interessam.

Para coaches que trabalham com indivíduos ou equipes em organizações, existe ainda outra consideração a ser feita – a dinâmica de três vias criada entre o coach, o cliente (ou coachee) e a empresa. Nesse caso, o coach precisa estruturar uma aliança definindo muito bem as questões confidenciais e esclarecendo os papéis de cada um. A organização espera um relatório do coach ou do coachee? Quem estabelece as metas e os critérios do coaching – o cliente ou a organização? Para o coaching ser eficaz, é preciso que haja o compromisso sincero do coachee ou o trabalho corre o risco de se tornar um exercício de pressão sobre metas.

Considerações especiais para coaches internos

Por experiência, sabemos que o modelo do Coaching Coativo funciona de forma tão eficiente para os coaches que atuam dentro das organizações quanto para os que atuam externamente. Temos anos de *feedback* de coaches internos em grandes e pequenas empresas, agências e organizações não lucrativas ao redor do mundo. Também sabemos que determinadas diferenças devem ser contempladas para que o coaching seja eficiente.

Mais uma vez, uma dinâmica de três vias se estabelece entre o coach interno, o coachee e a organização ou patrocinador. A situação pode ficar bastante sensível e, em nossa experiência, a melhor abordagem é esclarecer os papéis e expectativas desde o início da estruturação da aliança de coaching entre as três partes. É especialmente importante para o coach interno deixar claros os limites do relacionamento de coaching. Algumas empresas insistem que o foco seja somente em metas de desempenho; em outras, o coach é incentivado a ajudar o coachee a buscar um rumo pessoal mais motivador e gratificante – mesmo no caso dessas pessoas deixarem a organização. Há uma tremenda energia nas companhias onde os funcionários estão integralmente motivados e muitas já têm consciência de que a desmotivação drena o ímpeto do desempenho.

O coaching como complemento a outro trabalho

A incorporação das mudanças ocorre ao longo do tempo e é mais provável que seja sustentável quando conta com atenção e apoio constantes. O coaching é o complemento ideal para programas de mudanças e um acompanhamento benéfico para atividades ou experiências estruturadas para estimular a abertura a novas perspectivas e aprendizados. Uma oficina, seminário ou encontro *off-site* pode ter um impacto extraordinário, mas será rapidamente esquecido quando o grupo se separar e as pessoas voltarem a suas experiências individuais. Os consultores e os líderes de equipe estão se voltando cada vez mais para o coaching como forma de dar sustentabilidade à mudança. Treinadores vivenciais, guias e líderes de programas estão recorrendo ao coaching com o objetivo de dar continuidade ao trabalho iniciado com a aventura inicial ou com a experiência.

Todo sistema – humano e natural – resiste a mudanças. A inércia é uma força poderosa que tende a manter o *status quo* e exerce pressão para que tudo retorne ao estado de sempre. Existe também uma urgência complementar por mudanças em todo sistema, mas no mundo humano parece haver a necessidade de muito encorajamento e suporte. O coaching é o mecanismo ideal para a sustentabilidade da mudança.

Tantas opções

Sabemos que mal arranhamos a superfície da ampla gama de possibilidades para a atuação dos coaches. Existem muitos livros e outras fontes disponíveis para quem está analisando a entrada na área. A chave, voltamos a enfatizar especialmente para os novos coaches, é estruturar o seu serviço de forma que seja gratificante – que respeite seus valores e dê equilíbrio à sua própria vida. Crie uma estrutura que lhe possibilite amar e viver o momento. Em outras palavras, faça que sua prática seja aquilo que você prega.

Habilidades de coaching para uma conversa diferente

O coaching é mais do que uma profissão. É também um meio de comunicação com regras básicas e expectativas em relação ao resultado da conversa. Esse modelo de comunicação também está encontrando sua vertente em reuniões de negócios, cursos de liderança e nos diálogos entre professores e alunos e também entre as famílias. O coaching enfatiza a escuta aberta, o respeito mútuo, a clareza e a disposição de se engajar até mesmo em conversas difíceis e emocionais. Daniel Goleman, com seu trabalho sobre a inteligência emocional, pavimentou a ampla aceitação desse universo da comunicação aberta, especialmente da importância crucial da inteligência emocional como uma qualidade imprescindível dos líderes eficientes. Atualmente, as habilidades que mais associamos ao coaching profissional estão encontrando ressonância em todo tipo de diálogo.

Imagine um mundo

Lá em 1998, escrevemos sobre um mundo imaginado; uma sociedade em que o coaching e suas habilidades fossem parte natural dos relacionamentos humanos. Essa visão se mantém até agora, mas temos a crescente percepção de que aquele mundo apenas imaginado está se tornando mais e mais parte do que vivemos hoje.

Aqueles que, como nós, capacitam coaches ou praticam coaching em seus clientes sabem o impacto extraordinário que pode ter na vida das pessoas. É por isso que podemos assumir a posição de assegurar as mudanças transformadoras, porque a vimos acontecer frequentemente com nossos clientes. E também as sentimos em nossas próprias vidas. Agora, extrapole do pequeno grupo de pessoas do círculo do coaching para um mundo inteiro praticando essas habilidades na vida cotidiana.

Imagine um mundo em que os fundamentos e a abordagem do coaching fossem amplamente utilizados – não apenas pelos coaches, mas por todas as pessoas. E se todas as pessoas simplesmente assumissem que os princípios de plenitude, equilíbrio e processo são a expectativa básica? E se os axiomas assegurados no relacionamento de coaching fossem praticados no dia a dia das pessoas? Imagine como seria o mundo.

Nesse mundo em que os princípios fundamentais do coaching são abundantes, as pessoas estão comprometidas com uma vida plena e com o trabalho. Estão menos dispostas a tolerar uma vida de segunda categoria e mais propensas a não aceitar menos do que um modo de vida integral que utilize completamente seus talentos e habilidades. As crianças aprenderiam que a plenitude não é algo que acontece para algumas pessoas quando elas se tornam ricas ou famosas, mas está disponível nesse momento e ainda estará no momento a seguir, para quem buscar o caminho.

Imagine um mundo em que todos tenham uma visão atraente de seu trabalho, um sentido de escolha e propósito. Imagine um mundo de paixão, com pessoas comprometidas e determinadas a fazer a diferença na vida dos outros enquanto vivenciam a própria plenitude. Seria um mundo que recebe o melhor esforço, os melhores talentos e habilidades de cada um – em vez de somente obrigações, seus corpos sentados nas mesas do escritório, máquinas de trabalhar em pé atrás de balcões com apenas 10% do cérebro engajado. Embora as pessoas possam estar nesse mundo imaginado nos mesmos exatos empregos, elas têm um quadro de referências inteiramente diferente e uma atitude diferente quando acordam pela manhã. A importância do trabalho muda porque não se trata mais do seu emprego, mas da diferença que você faz e dos valores que você respeita com o que faz diariamente.

Imagine um mundo em que os axiomas do coaching funcionem em todos os lugares: nos relacionamentos interpessoais, na dinâmica do trabalho, nas relações internacionais. Imagine a diferença que faria se as pessoas estruturassem uma aliança antes de embarcar em um projeto de negócio ou em um relacionamento. O que aconteceria se rotineiramente as pessoas falassem a verdade umas para as outras – mesmo a verdade mais difícil – e insistissem nisso sem sentir a necessidade de erguer barreiras de defesa? Imagine como mudaria nosso sistema político se as pessoas se sentissem livres para dizer a verdade.

Imagine um mundo onde as pessoas estão comprometidas em realmente escutar, não somente as palavras, mas todos os significados por trás delas. O que aconteceria se pudéssemos ampliar ao máximo as nossas possibilidades e as de nossos filhos em vez de apontar as limitações de todo mundo? Imagine se conseguíssemos esperar excelência em vez de fracasso e inadequação? E encarar o fracasso, quando ocorrer, não como uma desgraça, mas como uma forma mais rápida de aprendizado? E se passássemos a reconhecer os pontos fortes das pessoas em vez de enumerar suas falhas?

Seria um mundo de curiosidade, imaginação e escuta extraordinárias. Seria um lugar em que apoiaríamos uns aos outros para ajudar a cumprir o que dissemos que iríamos fazer, sempre esperando o melhor esforço de cada um. Nesse mundo, estaríamos tão comprometidos com nossa própria verdade quanto estamos com aquela que dizemos aos outros.

Nesse mundo, o aprendizado e o desenvolvimento seriam valorizados mais do que o conforto e a aparência. Imagine um mundo com visões atraentes e livres para criar e prosperar, totalmente apoiadas, totalmente encorajadas, totalmente celebradas. Esse seria, de fato, um mundo transformador. Imagine.

Glossário

Agenda do cliente: quando o coach assume a agenda de interesses do cliente, abre mão de suas opiniões, julgamentos e respostas para dar suporte e facilitar, para que o cliente atinja a plenitude, equilíbrio e a presença no processo. O coach é conduzido pelo cliente sem expressar as respostas certas, oferecer soluções ou dizer a ele o que fazer. Para assumir a agenda do cliente, o coach dedica toda sua atenção aos objetivos do outro e não à sua própria agenda para o cliente.

Agenda com "A" maiúsculo: é a visão que o cliente tem de si mesmo ou como suas escolhas e ações se relacionam ao grande cenário. É aqui que o cliente aprende mais profundamente como opera os próprios comportamentos. Em essência, a agenda com "A" maiúsculo consiste nos três princípios do Coaching Coativo: plenitude, equilíbrio e processo. Parte-se do pressuposto de que o cliente quer atingir esses três objetivos: (1) viver em plenitude, (2) estar em equilíbrio na vida e (3) estar presente e fazer escolhas gratificantes no processo de sua vida. O coach interage com o cliente mantendo o foco na agenda com "A" maiúsculo durante todo o tempo.

Agenda com "a" minúsculo: é o pequeno cenário, as circunstâncias da vida do cliente, sua agenda de interesses para esse momento, que tem foco em um evento particular, nas escolhas do cliente em função disso ou nas ações que adotará relacionadas a isso.

Aliança estruturada: o coach e o cliente (coachee) começam a estruturar sua aliança na sessão de descoberta. Os dois devem estar profundamente envolvidos na estruturação do relacionamento de coaching que seja mais benéfico para o cliente. A aliança estruturada tende a se deslocar ao longo do tempo e, por isso, precisa ser revista e atualizada regularmente.

Articulação: essa é a habilidade de contar ao cliente o que você o observa fazendo. Pode ser aquilo que você ouve com o seu segundo nível de escuta ou talvez o que ele não lhe disse, mas você percebeu com sua atenção e seu terceiro nível de escuta. De vez em quando, é eficiente simplesmente repetir as palavras que o cliente pronunciou para que ele consiga ouvir a si mesmo. "Debbie, sei quanto você quer mudar seu relacionamento com seu pai, porém, vejo você interagindo com ele como sempre fez", "Você está aborrecido porque sua gerente não considerou que você já está sobrecarregado de trabalho, quando ela o designou para esse novo projeto".

Brainstorming: usando essa habilidade, o coach e o cliente geram ideias, alternativas e possíveis soluções. Algumas ideias podem ser estranhas e impraticáveis. É apenas um exercício de criatividade para ampliar as possibilidades disponíveis de ação. Nem o coach e nem o cliente estão comprometidos com nenhuma das ideias sugeridas.

Esclarecimento: quando o cliente é incapaz de articular convincentemente o que quer ou aonde pretende chegar, o coach esclarece essa experiência. O esclarecimento pode ser utilizado em resposta à visão confusa do cliente em relação aos resultados desejados ou quando ele se sente indeciso e diante de incertezas. Essa habilidade é a aplicação sinérgica da capacidade de questionar, reenquadrar e articular o que está acontecendo. É particularmente útil durante a etapa de descoberta.

Confirmação: direciona o ego do cliente para que ele assuma fazer o que precisa para concluir a ação iniciada ou tome consciência do que conquistou. É a articulação do profundo conhecimento do coach sobre o outro. "Eu reconheço a coragem que lhe custou vir a essa sessão, sabendo que teria que compartilhar questões difíceis comigo hoje."

Dançar o momento: o coach está integralmente presente quando mantém a agenda de interesses do cliente, acessa a própria intuição e se deixa ser conduzido pelo cliente. É um dos pilares do Coaching Coativo e nós o denominamos de "dançar o momento", pois o coach está aberto aos próximos passos da outra pessoa e disposto a seguir o fluxo na direção pretendida pelo cliente.

Definição de metas: o cliente vivencia sua agenda com "A" maiúsculo ao definir metas e persegui-las. Esses objetivos mantêm o cliente focado e na direção da pessoa que pretende se transformar. As metas não são o mesmo que as ações; são o resultado desejado de uma ação. No Coaching Coativo, as metas devem ser do tipo **SMART** ("esperto" em inglês): *Specific* (Específica), *Measurable* (Mensurável), *Accountable* (Atingível), *Resonant* (Relevante) e *Thrilling* (Desafiadora).

Demanda: uma das habilidades mais poderosas do coach é a realização de demandas para o coachee (cliente). Com base na agenda de interesses do cliente, a demanda é estruturada para incentivá-lo à ação. A demanda inclui uma ação específica, as condições para satisfazê-la e uma data ou prazo para concluí-la. Existem três respostas possíveis para uma demanda: "sim", "não" ou uma contraproposta.

Desafio: é uma demanda que leva o cliente para além dos limites autoimpostos e sacode a imagem que ele faz de si. Um desafio, como toda necessidade, requer o atendimento de três pontos: (1) uma ação específica, (2) condições a satisfazer e (3) uma data ou prazo para sua conclusão. O cliente reage ao desafio com um "sim", um "não" ou uma contraproposta. Com frequência, a contraproposta é maior do que a concessão que o cliente estava inicialmente disposto a fazer. Por exemplo: um cliente quer fazer telefonemas de prospecção para incrementar seu próprio negócio. Ele acha que consegue dar apenas um telefonema por dia. Você o desafia: "Desafio você a dar 50 telefonemas por dia!" O cliente contrapropõe o seguinte: "Faço sete ligações por dia, o que acha?"

Distinção: uma forma de ajudar o cliente a analisar uma situação a partir de uma nova perspectiva é mostrar a ele como fazer a distinção entre dois ou mais conceitos, fatos ou ideias. Por exemplo, o cliente pode estar misturando dois conceitos, que o levam a uma conclusão desapontadora. A conclusão parece ser um fato da vida, mas não é. "Como eu falhei, sou um fracasso" – igualando falha e fracasso. "Como ganho dinheiro, sou um sucesso" – igualando dinheiro e sucesso.

Escuta: o coach escuta a visão, valores, compromisso e propósitos do cliente que são expressos em palavras e comportamentos. Escutar é estar em busca de algo. O coach escuta conscientemente com o propósito e o foco derivados da aliança estruturada com o cliente. O coach ouve a agenda de interesses dele sem pensar a respeito de seus próprios objetivos para o cliente. No Coaching Coativo, quando o coach escuta seus próprios pensamentos, julgamentos e opiniões sobre a história do cliente, dizemos que ele está no Nível 1 da escuta; quando ouve com foco no cliente, é o Nível 2 da escuta; e, quando escuta globalmente, é o Nível 3.

Estruturas: são os recursos utilizados para lembrar o cliente de sua visão, metas ou propósitos e ações que precisam tomar imediatamente. Cartazes, cronogramas, mensagens de voz no celular e alarmes de relógio podem servir como estruturas.

Foco: uma vez que o cliente tenha determinado a direção ou a trajetória de ação, a tarefa do coach é mantê-lo no rumo e fiel àquela escolha. Com frequência, o cliente se distrai devido a eventos da vida diária, pelos medos ou pela confusão gerada pelas grandes mudanças ou simplesmente pela ampla gama de opções disponíveis. Consistentemente, o coach relembra o foco ao cliente e o ajuda a redirecionar as energias para os resultados desejados e as escolhas feitas.

Autogerenciamento: é a habilidade do coach de colocar de lado todas as suas opiniões, preferências, julgamentos e crenças com o objetivo de seguir unicamente a agenda de interesses do cliente. O autogerenciamento também inclui cuidar do sabotador cliente. O coach ajuda o cliente a identificar seu sabotador e fornece os instrumentos para que ele o administre.

Intromissão: ocasionalmente, o coach precisa se intrometer, interromper ou despertar o cliente que está girando em torno dos mesmos pontos ou enganando a si mesmo. O coach faz isso para defender a agenda de interesses do cliente, sempre indicando a ele uma direção específica: "Pare um pouco. O que está no cerne dessa questão?" A intromissão é considerada rude em algumas culturas. No treinamento Coativo, no entanto, a intromissão é vista como uma atitude assertiva em relação ao cliente, possibilitando que ele avalie honestamente e entre em contato imediato com determinada situação. Às vezes, a intromissão aponta uma verdade difícil: "Você está enganando a si mesmo." Ou a intromissão pode ser simplesmente uma afirmação sobre o que está acontecendo: "Você está evitando a questão."

Intuição: é o processo de acessar e confiar em sua sabedoria interna. É conhecimento direto, livre da mente pensante. O processo de intuir não é linear e nem racional. De vez em quando, a informação recebida da intuição não faz sentido lógico para o coach; porém, costuma ser bastante valiosa para o coachee (cliente). A intuição envolve correr riscos e confiar na sabedoria não racional. "Eu tenho um pressentimento que..." "Eu estava pensando se..."

Lição de casa: quando o coach dá ao cliente uma questão importante como lição de casa, o objetivo é provocar uma reflexão maior e aprofundar o aprendizado. Pede-se ao cliente para que pense na questão entre uma sessão e outra ou por um período mais longo de tempo para verificar o que ocorre a partir daquele ponto. Em geral, a questão está baseada em uma situação particular que o cliente está enfrentando naquele momento. Uma questão tem múltiplas respostas e nenhuma delas é "a certa". "O que você anda tolerando?" "O que é isso de ser destemido?" "Para você, o que é desafio?"

Metáfora: são usadas para ilustrar uma questão e traçar um quadro verbal para o cliente. "Sua cabeça parece uma bola de pingue-pongue batendo para lá e para cá entre uma escolha e outra." "Você está quase na linha de chegada. Vá em frente! Você pode vencer a corrida!"

Metavisão: é o grande cenário ou a perspectiva expandida. O coach retrocede e sai (ou pede que o cliente faça isso) das questões mais imediatas para analisá-las a partir da clareza obtida com o ponto de vista da perspectiva expandida. "Se sua vida fosse uma estrada e nós estivéssemos vendo-a de um helicóptero, o que veríamos?"

Perguntas instigantes: esse tipo de questão estimula a clareza, a ação, a descoberta, a reflexão e o comprometimento. Criam ótimas possibilidades, novos aprendizados e clareza de visão. As perguntas instigantes derivam da agenda de interesses do cliente e o incentivam a entrar em ação e aprofundar o aprendizado. "O que você objetiva?", "Qual o próximo passo?", "Por onde você vai começar?", "Quanto isso lhe custa?", "O que é importante lembrar?"

Permissão: essa habilidade possibilita que o cliente conceda acesso ao coach a questões tradicionalmente mais íntimas ou a áreas de foco mais desconfortáveis. "Posso lhe contar uma verdade dura?", "Tudo bem se eu abordar essa questão com você?", "Posso lhe dizer o que estou vendo?"

Perspectiva: é um dos benefícios que o coach traz ao relacionamento – não a perspectiva "certa", mas simplesmente outros pontos de vista. Parte do objetivo do coaching é fazer um convite ao cliente para que olhe sua vida ou outras determinadas questões a partir de diferentes ângulos. Quando o cliente olha o mundo a partir de uma única perspectiva, conta com menos recursos e pode ser vitimado pelas circunstâncias. Quando é capaz de reexaminar seus pontos de vista para olhar para a vida ou determinadas questões de ângulos diversos, passa a enxergar as possibilidades e a mudança.

Planejamento: o coach ajuda o coachee (cliente) a articular a direção que deseja seguir e monitora ativamente o progresso obtido. Com frequência, o cliente se beneficia com o suporte em planejamento e gestão de tempo, enquanto o coach o ajuda a desenvolver competências nessas áreas.

Poder do relacionamento: o relacionamento de coaching é externo e não deriva do coach ou do coachee (cliente). Como o poder do coaching está no relacionamento entre os dois, e não em nenhum deles individualmente, o coach e o cliente assumem a responsabilidade de criar a relação que melhor atenderá ao cliente, concebendo assim a sua força mútua.

Purificação: é uma habilidade que beneficia tanto o cliente quanto o coach. Quando o cliente fica preocupado com uma situação ou entra em um estado mental que interfere em sua capacidade de estar presente ou tomar uma atitude, o coach age como um ouvinte ativo enquanto a pessoa desabafa ou reclama. Tanto o cliente quanto o coach devem manter o objetivo de purificar seu estado emocional. Essa escuta ativa possibilita que o cliente tire aquela situação de seu caminho para que ele possa retomar o foco no próximo passo a ser dado. Da mesma forma, o coach faz sua purificação mental quando se sente perturbado com uma interação ou com questões que não se referem ao seu cliente. Nesse caso, ele compartilha sua experiência ou preocupação com um colega ou amigo com o objetivo de voltar a estar integralmente presente diante do cliente.

Reenquadramento: o coach pega a informação original e a interpreta em um reenquadramento para oferecer ao cliente uma nova perspectiva. Exemplo: uma coachee (cliente) foi informada que ficou em segundo lugar no processo de seleção para ocupar uma alta posição em seu mercado bastante competitivo. Ela está desapontada e coloca em dúvida suas competências profissionais. O coach reenquadra a situação, mostrando que ficar em segundo lugar em um mercado tão competitivo indica a qualidade da experiência e *expertise* da cliente.

Responsabilidade: o coach escolhe e direciona o processo de coaching com o objetivo de servir à agenda de interesses do cliente. De vez em quando, o cliente fica perdido nas próprias circunstâncias e esquece o que realmente é mais importante para ele. Nesse caso, o coach precisa assumir a responsabilidade e redirecionar o processo de coaching para o que é mais significativo para o coachee (cliente).

Responsabilização: é fazer que o cliente preste contas sobre aquilo que disse que iria realizar. Isso decorre de três questões: (1) O que você vai fazer? (2) Quando você terá feito isso? (3) Como saberei que você fez isso? A responsabilização não inclui culpa ou julgamento. Em vez disso, o coach mantém a responsabilização do cliente sobre a própria visão ou compromisso assumido e pede para que preste contas dos resultados das ações adotadas – ou não adotadas. Caso seja necessário, manter a responsabilização inclui a definição de novas ações para o cliente realizar.

Resumo: essa é a habilidade tanto do coach quanto do coachee (cliente) de serem breves e sucintos. Trata-se também de fazer que o cliente se mantenha na essência de sua comunicação em vez de se engajar em longas e descritivas histórias.

Sabotagem: o conceito incorpora uma série de pensamentos, processos e sentimentos que mantêm o *status quo* em nossas vidas. Parece sempre ser uma estrutura de proteção, mas, na verdade, a sabotagem impede que sigamos em frente em direção ao que realmente desejamos na vida. Nosso sabotador está sempre conosco. Ele não é nem bom, nem mau, apenas está lá. O sabotador perde poder sobre nós quando conseguimos identificá-lo, avaliamos as opções na situação e, então, conscientemente escolhemos a ação que realmente queremos tomar naquele momento.

Suporte: significa dar apoio ao cliente quando ele duvida ou questiona as próprias capacidades. Apesar de o cliente estar duvidando de si mesmo, o coach sabe com clareza quem ele é e que é capaz de realizar muito mais do que acredita.

Testemunho: significa estar autentica e integralmente presente diante do cliente. Essa habilidade do coach cria o espaço de acolhimento para que o coachee (cliente) possa expressar-se em sua totalidade. Quando o coach testemunha o aprendizado e desenvolvimento do cliente, este se sente conhecido e observado em um nível mais profundo.

Valores: representam quem você é exatamente agora. São os princípios que você segue para dar valor à sua vida. As pessoas sempre confundem valores com princípios morais, mas não são sinônimos. Os valores não são escolhidos. São intrínsecos em você e o distinguem tanto quanto suas impressões digitais.

Visão: é a imagem mental multifacetada que pessoalmente define e inspira o cliente a entrar em ação para criar esse quadro em sua realidade de vida. Uma visão poderosa é sensível, excitante e atraente, e estimula constantemente o cliente a realizá-la. A visão oferece ao cliente direção e sentido de vida.